北方民族大学商学院博士文库

本成果受到"宁夏回族自治区电子商务培训基地"项目资助

铁路网抗毁性分析

Analysis on the Survivability of Railway Network

王 伟 ◎ 著

经济管理出版社

ECONOMY & MANAGEMENT PUBLISHING HOUSE

图书在版编目（CIP）数据

铁路网抗毁性分析/王伟著. —北京：经济管理出版社，2017.2
ISBN 978-7-5096-4898-8

Ⅰ.①铁… Ⅱ.①王… Ⅲ.①铁路网—列车无线调度系统—安全—研究
Ⅳ.①U285.21

中国版本图书馆 CIP 数据核字（2016）第 323611 号

组稿编辑：杨国强
责任编辑：杨国强　张瑞军
责任印制：黄章平
责任校对：超　凡

出版发行：经济管理出版社
　　　　　（北京市海淀区北蜂窝 8 号中雅大厦 A 座 11 层　100038）
网　　址：www. E-mp. com. cn
电　　话：（010）51915602
印　　刷：北京玺诚印务有限公司
经　　销：新华书店
开　　本：720mm×1000mm/16
印　　张：11.5
字　　数：202 千字
版　　次：2017 年 2 月第 1 版　2017 年 2 月第 1 次印刷
书　　号：ISBN 978-7-5096-4898-8
定　　价：48.00 元

·版权所有　翻印必究·
凡购本社图书，如有印装错误，由本社读者服务部负责调换。
联系地址：北京阜外月坛北小街 2 号
电话：（010）68022974　　邮编：100836

前言

我国幅员辽阔，四通八达、畅通无阻的铁路通道承担着大跨度的经济联系和相互交往的运输工作。在高负载、出现突发事件的情况下，铁路网功能会受到不同程度的损坏，当陷入瘫痪的状态时，需要及时采取应急措施使铁路网尽快恢复到正常状态，这个过程持续时间的长短反映了铁路网抗毁性能的好坏。许多客观存在的且已发生的事例说明，铁路网系统需要一个新的特性——铁路网抗毁性来描述，如2008年初的持续低温雨雪冰冻的极端天气、四川汶川地震、青海玉树地震等自然灾害以及高负载的突发事件。这些自然灾害及突发事件（以下统称为突发事件）发生后，铁路部门通过迂回的方式组织运输，缓解了突发事件对铁路运输系统功能的影响。

铁路网的抗毁性是指发生内部或外部突发事件，导致设施或服务失效后，铁路网维持或恢复其性能到一个可接受程度的能力，表征了铁路网应对突发事件的适应和恢复能力。铁路网系统作为一个具有复杂层次结构的系统，与其他网络具有本质的区别，其包括铁路物理网和铁路运输网。因此，铁路网的抗毁性研究不仅要考虑铁路物理网的抗毁性，而且要考虑铁路运输网的抗毁性。本书创新性地对从突发事件发生时起，到通过采取维修、调度等措施使铁路网（包括铁路物理网和铁路运输网）恢复到稳定状态时止的整个过程进行描述，应用多阶段决策理论提出铁路网抗毁性理论模型，研究了铁路网应急评估和恢复的技术，运用案例和算例分别验证了

铁路网抗毁性分析

模型及技术的有效性。

本书的研究结论主要有以下几点：

（1）铁路物理网受突发事件的影响容易出现不连通的现象，铁路旅客运输网具有无标度特性的小世界网络。本书分析了铁路网系统的构成，将铁路网系统分为铁路物理网和铁路运输网，并分别构建铁路网的网络模型，以实证的方式分析了铁路网的复杂特性：对于铁路物理网，大部分节点度很低，平均聚集系数接近于0，突发事件发生后容易造成网络不连通；对于铁路旅客运输径路网，部分节点的介数非常高，网络中存在关键节点；对于铁路旅客换乘网，平均最短径路很低而聚集系数非常高，是具有无标度特性的小世界网络，其容错性很好，但抗攻击能力不高。

（2）提出铁路网的抗毁性分析和研究模型。在总结计算机、通信网抗毁性定义的基础上，根据铁路网系统的可恢复性和他组织特性，提出了铁路网抗毁性的定义，即突发事件发生后，铁路网维持或恢复其关键服务的能力，可以概括为突发事件、适应性和恢复性三个方面。提出了铁路网抗毁性的分析模型，即描述从突发事件发生时起，到通过采取修复、调度等措施使铁路网恢复到正常状态时止的整个过程。在此基础上，提出了铁路网抗毁性的研究框架。

（3）从铁路物理网和铁路运输网两个层次分别提出抗毁性评估指标，通过对突发事件下与正常情况下的网络性能的变化进行对比分析，衡量铁路网系统的抗毁性能。通过对2008年雨雪冰冻灾害实例分析，可以得出：从铁路物理网和铁路运输网两个方面能够较全面、合理地对铁路网系统进行评估，以突发事件发生前后网络性能变化为基础，量化的指标能够反映铁路网的实际抗毁性能，所提出指标的评估值与实际情况相符。利用以上提出的评估指标，综合分析突发事件影响过程中各个阶段的抗毁性，可以得出铁路网在整个应急过程中的整体抗毁性能。

（4）从节点对网络性能贡献的角度提出的关键节点识别方法较现有方法更加准确。在铁路物理网修复方案制定中，关键节点可能会直接影响到系统的关键服务以及整个系统功能。在借鉴现有关键节点识别指标和方法的基础上,从节点或边被修复后对网络性能的贡献(包括路径的广义费用和恢复的运输量)角度,综合考虑客、货运输的优先级和运输需求量,提出关键节点的识别方法。通过算例对指标和识别方法进行验证分析,得出在研究如何识别突发事件下铁路网关键节点或边的问题时,本书提出的方法更加准确。

(5)铁路客、货流疏解问题包括铁路客流疏解问题和铁路货流疏解问题。对于铁路客流疏解问题,针对旅客运输量大、按去向组织旅客运输的特点,通过将低等级的车站合并到高等级的车站构建了铁路旅客运输网,并提出了突发事件下铁路旅客输送合理径路的确定方法;对于铁路货流疏解问题,根据突发事件下铁路货物整车直达、货物输送有优先等级的特点,以列车为对象,将运输需求优先级转化为列车开行的权重系数,构建了包含载运工具调拨的动态服务网络模型,其以列车开行数最多和车辆的周转次数最大为目标。根据模型的特点,设计了一种按时间周期分段优化的启发式方法求解上述模型,并通过实例分析比较,验证了模型和算法的有效性,其可为突发事件下铁路应急保障预案的编制提供理论指导。

本书的创新之处在于:首先,通过对从突发事件发生时起,到通过采取调度、维修等措施使铁路网恢复到稳定状态时止的整个过程进行描述,将突发事件下铁路网的修复及调度调整视为在外部作用下的系统状态跃迁过程中的决策,提出了铁路网抗毁性的分析模型。从铁路物理网和铁路运输网两方面提出铁路网抗毁性评估指标,并对突发事件下与正常情况下网络性能的变化进行对比、量化和计算指标值,以此衡量铁路网的抗毁性能。该方法能够完整地评估突发事件下铁路网的抗毁性能,较之单纯精确分析突发事件下的网络性能更能反映实际情况。其次,基于"节点或边被修复后对网络功能的影响"的思路,从节点对网络性能贡献的角度提出关键节点或边的识别方法。结合铁路网系统的特点,指标的量化和计算考虑了客、货运输的优先级和运输需求量,较之单纯地从铁路网拓扑结构角度识别关键节点更加准确。最后,考虑到突发事件下铁路货物整车直达、货

铁路网抗毁性分析

物输送有优先级的特点，构建了包含载运工具调拨的动态服务网络模型，其以列车开行数最多和车辆的周转次数最大为目标。同时，提出了一种按时间分阶段取整的启发式求解方法，该方法借助 Lingo 求解工具求解松弛模型，结合逐步固定变量为整数值的启发式规则求得较优解。与 Lingo 软件直接求解相比较，该算法的求解时间效率高，并且求解结果的偏差较小。

目录

第一章 绪论 / 001
  第一节 研究背景 / 001
  第二节 研究目的及意义 / 003
  第三节 研究综述 / 005
  第四节 研究方法及技术路线 / 022

第二章 铁路网系统复杂性分析 / 027
  第一节 铁路网系统 / 027
  第二节 铁路网系统的特性分析 / 032
  第三节 铁路网系统的复杂性 / 034

第三章 基于复杂网络的铁路网复杂特性实证分析 / 037
  第一节 复杂网络 / 037
  第二节 中国铁路网数据 / 040
  第三节 铁路网模型构建 / 041
  第四节 实证分析 / 043
  第五节 本章小结 / 051

第四章　铁路网抗毁性 / 053

第一节　铁路网抗毁性的提出依据 / 053

第二节　铁路网抗毁性的概念 / 054

第三节　铁路网抗毁性与相关理论关系 / 059

第四节　铁路网抗毁性模型 / 062

第五节　铁路网抗毁性研究框架 / 070

第五章　铁路网抗毁性评估方法 / 073

第一节　铁路网抗毁性的评估指标构建 / 073

第二节　铁路物理网抗毁性评估指标 / 077

第三节　铁路运输网抗毁性评估指标 / 080

第四节　实例分析 / 083

第六章　突发事件下铁路物理网修复方案研究 / 091

第一节　铁路物理网的关键节点和关键边 / 091

第二节　关键节点和关键边判定指标 / 094

第三节　关键节点和关键边的识别流程 / 099

第四节　铁路物理网修复时序方案 / 100

第五节　算例分析 / 102

第七章　突发事件下铁路客货流疏解方案研究 / 105

第一节　突发事件下铁路客货流疏解方案编制问题 / 105

第二节　突发事件下铁路旅客输送径路优化 / 108

第三节　突发事件下铁路货流疏解方案编制模型 / 117

第四节　铁路货流疏解方案编制算例 / 128

第五节　本章小结 / 137

目 录

第八章　总结及展望 / 139

附　录　货物运输网疏解方案算例计算结果 / 143

参考文献 / 157

后　记 / 173

第一章 绪论

铁路是国民经济的大动脉,是大众化的交通工具,承担着大跨度的经济联系和相互交往的运输工作,在我国的国民经济建设和社会发展的过程中起着不可替代的作用。随着铁路路网规模的不断快速增长,其遭受自然灾害、突发客流货流和特殊运营情况影响的概率逐渐增大。保证铁路运输的安全生产越来越受到重视:如何准确度量突发事件对路网的破坏程度以及对运输工作造成的影响,为突发事件发生后的调度、维修策略提供理论指导和支持,以及在突发事件发生前,如何评估路网的抗毁性等关键问题需要进一步的研究。

第一节 研究背景

铁路网是铁路进行运输生产的主要物质基础,铁路网具有复杂的层次结构。随着铁路网规模不断扩大,遭受自然灾害、突发客流货流和特殊运营条件增多,铁路网的安全风险增加。2008年1月下旬,中国南方大部分地区和西北地区东部出现了新中国成立以来罕见的持续雨雪和冰冻的极端天气,受灾害天气影响,京广线、沪昆线等主要干线牵引供电网和通信信号系统中断运行,铁路运输瘫痪,造成大量列车滞留晚点和停运,旅客积

铁路网抗毁性分析

压严重，铁路运输遭受到了罕见的影响。这次灾害对铁路网系统影响的突出特点：铁路物理网的连通性是良好的，但由于载运工具的原因，使铁路网的功能受到很大的影响。2008年5月12日，四川省汶川县发生地震，全国铁路除哈尔滨、沈阳、乌鲁木齐铁路局以外，都有震感，其中成都、西安、兰州、北京、太原铁路局震感强烈。地震对铁路运输影响较大，导致宝成线、成昆线及相关支线线路多处塌方，其中宝成线4处、成昆线4处、成渝线7处，沿线部分车站房屋设备不同程度遭到损坏，多处房屋出现裂纹，有31列客车、149列货车在途滞留。2010年4月14日，青海玉树发生7.1级地震，造成部分房屋倒塌，震区周边多条路段出现大面积的滑坡、沉陷、路面裂缝，震后10天内全国铁路累计开行"抢"字头救灾专列164列，紧急运输救灾物资1346车，开行"救"字头客车4列，开行"抢"字头军列3列，累计运送伤员168人，医护人员1937人。2013年4月20日，四川省雅安市芦山县（北纬30.3度，东经103.0度）发生的7.0级地震，震源深度13公里，重庆及陕西的宝鸡、汉中、安康等地均有较强震感，国道318线、省道210线、省道211线及宝兴县道路、芦山县龙门至大川道路、铜头电站至灵关道路因灾交通均中断，成都铁路局迅速扣停了运行中的客货列车，总共停开111列客车，并立即对成昆线、宝成线、成遂渝线、成渝线、成灌线等受影响线路设备进行排查，以最快的速度组织运输救灾物资，开行了以"抢"字头的救灾专列，最大限度地保证了救灾物资的运输，并逐步恢复运行以上线路上的列车。又如2013年7月22日甘肃省定西市岷县、漳县交界（北纬34.5度，东经104.2度）发生的6.6级地震，2013年8月12日西藏自治区昌都地区左贡县、芒康县交界（北纬30.0度，东经98.0度）发生的6.1级地震等。以上这些灾害对铁路网系统影响的突出特点是：铁路物理网连通性受损，业务受阻，受影响较严重时导致瘫痪，给社会经济带来巨大的影响，破坏了人们的生产生活秩序。

突发事件（特别是许多种类的自然灾害）是不可避免的，但通过制定快速、有效的应急处置方案，其造成的损失可以大幅度降低甚至消除，如何准确度量和控制突发事件对铁路网的影响，减少突发事件带来的损失是需要解决的关键问题。在突发事件发生前，通过对铁路网系统的适应性和恢复性进行研究，分析在突发事件影响下铁路网性能的变化，可以评估铁路网维持和恢复关键服务的能力，其反映了铁路网的抗毁性能，而具有良好抗毁性的铁路网对适应高负载和突发事件、保障铁路网功能具有重要作用；在突发事件发生后，在修复、调度调整策略下制定相应的恢复方案，尽快恢复铁路网性能，提高其应对突发事件的能力。本书围绕突发事件发生前后，以上应急预案分析和处置控制过程中所涉及的关键技术，研究突发事件下铁路网的抗毁性评估和恢复方法，其主要解决三个问题：第一个问题是突发事件下铁路网抗毁性评估问题，提出铁路网抗毁性的评估方法；第二个问题是突发事件下铁路物理网修复问题，提出突发事件下铁路物理网修复时序方案编制方法；第三个问题是突发事件下铁路客、货流疏解方案编制问题，提出突发事件下铁路客流和货流疏解方法。通过对以上问题的研究，提高应对突发事件的能力，使保障铁路网系统安全性的工作做到有的放矢，为铁路部门建立应急保障预案提供科学依据。

第二节　研究目的及意义

随着铁路网规模的不断扩大，提高铁路网的抗毁性能和增强突发事件下铁路网的恢复能力越来越受到关注。本书分析铁路网系统的构成及复杂特性，提出铁路网抗毁性的定义及分析模型，给出铁路网抗毁性的评估指标及其计算方法。在此基础上，从铁路物理网和铁路运输网角度，提出了铁路物理网修复和铁路客、货流疏解方法，试图为突发事件下铁路的应急处置和控制提供理论指导。

| 铁路网抗毁性分析

一、研究目的

(1) 阐述铁路网系统的定义,分析其构成要素。在此基础上,构建铁路网的网络模型,以实证的方式分析中国铁路网的复杂特性,为铁路网抗毁性评估及突发事件下铁路网恢复方法的研究提供理论基础。

(2) 针对铁路网系统抗毁性评估问题,建立铁路网系统的抗毁性分析模型,给出铁路网系统抗毁性分析的框架,提出抗毁性评估指标及其计算方法。

(3) 突发事件发生后,关键节点的快速修复,能够有效提升铁路网系统的性能,通过研究关键节点的识别方法,给出铁路物理网修复时序方案。

(4) 铁路客、货流疏解问题可以分为铁路客流疏解和铁路货流疏解两个子问题。对于铁路客流疏解问题,针对突发事件下铁路旅客的输送特点,提出铁路旅客运输输送径路优化方法;对于铁路货流疏解问题,针对突发事件下铁路货物输送特点,提出铁路货流疏解模型,并给出快速求解方法。铁路客、货流疏解问题的研究能够为突发事件下的客、货运输疏解决策提供理论指导。

二、研究意义

铁路网规划要满足长远、持续发展的要求,不能忽视突发事件下铁路网的适应能力,铁路网抗毁性研究能够为判断规划铁路网络是否具有所期望的适应能力提供依据。再者,通过对铁路网抗毁性的研究,能够为既有线的路网优化、高品质运输产品设计和运输产品可靠性分析等提供科学理论依据。

突发事件具有突发性、紧急性和破坏性等特点,是不可避免的,要做到防患于未然,需要从预警管理的角度,对铁路网抗毁性进行研究,分析突发事件对铁路网系统的影响,通过制定相应的措施,提高应对突发事件的能力,使保障铁路网系统安全性的工作做到有的放矢,为铁路部门建立应急保障预案提供科学依据。

在理论方面，本书在既有研究工作的基础上，进一步完善铁路网特性的相关理论和突发事件下铁路应急管理理论，并对其他网络系统尤其是交通运输网络的相关理论研究提供借鉴意义。对该领域类似问题的研究，有一定理论意义和实际参考价值。

第三节 研究综述

本书以铁路网系统为研究对象，对铁路网抗毁性评估和恢复问题进行研究。通过检索国内外相关文献，将所涉及的相关理论与方法总结如下：

一、交通运输网络结构

交通运输在国民经济发展中具有重要作用，是国民经济的生命线。交通运输是依托网络型的固定设施提供服务的，其拓扑结构的特性决定了它的行为和功能，认识其拓扑结构，可为交通网络的规划、设计以及维护提供重要的依据。国内外学者对交通运输网络（铁路、城市公共交通、航空）做了大量的研究。随着复杂网络理论的兴起，物理学家运用统计学的方法研究交通运输网络的结构特征，主要分为以下几个方面：

（一）航空网络

航空网络是指在一定区域内由若干条航线按照某种方式连接组成的复杂系统，包括机场、航线和飞机等要素。关于航空网络的研究分为两个方面：世界航空网和区域航空网。

在世界航空网方面，Amaral 等（2000）针对世界航空网做了研究，得出两个重要的结论：一是世界范围的机场网络具有小世界网络的特征，度分布和介数分布都服从幂律分布；二是节点度最大的城市不一定是枢纽城市（介数最大的），按现有的网络模型不能很好地解释这种现象。Guimerà

(2004)提出了一个基于地缘政治限制的新模型解释这种现象。即在一个国家内只有个别的门户机场能和国外机场连接,其他机场只能在国内连接,由此考虑其对机场网络增长的影响,结果很好地解决了上述现象。Barrat(2005)分析了 2002 年 International Air Transportation Association(IATA)的数据库,对世界航空网络进行了研究。他们得到了类似于 Guimerà 等的研究结论:相对于网络的大小 $N \sim 10^4$ 来说,平均最短路径长度依然很小,只有 4.37,而度分布 $P(k) = k^{-r}f(k/k_x)$,$r \approx 2.0$,$f(k/k_x)$ 是指数截断函数。

在区域航空网方面,李炜(2004)对中国的航空网(ANC)进行研究,结果表明:中国航空网具有小世界性质,平均路径长度为 2.067,簇系数为 0.7333,度分布服从双段幂律分布。于海波(2005)以 1988~2003 年的数据分析了中国航空网络,得出在此期间我国航空网络拓扑结构出现了结构上的退化,反映了市场从有序向混沌无序的发展过程,也反映了计划体制向市场体制转型过程中市场正经历着痛苦的整合过程。刘宏鲲(2007)应用统计物理学方法研究中国航空网络的拓扑结构及其影响因素,分别以人口、两个城市之间的距离、第三产业产值作为优先连接概率模型的影响因素,分析得出以第三产业产值为优先连接因素的仿真网络的度分布、最短路径长度、簇系数以及介数都与真实航空网络接近。Bagler(2008)研究了印度航空网,得出了类似中国航空网络的结论,具有小世界性质,网络具有层次性且负相关。Barrat(2005)研究了北美航空网络,发现平均最短路径长度为 4,平均度约为 8.4,度大的节点倾向于连接度小的节点。网络的簇系数非常大,在度大时有递减的趋势。

(二)公交网络

城市公交网络作为城市建设的重要组成部分之一,直接关系到城市经济的发展、城市环境的保护及方便市民出行等方面。而城市公交网络的效率对城市的功能和市民的生活具有很大的影响,现实中的城市交通都受到特定交通路线的限制,如停靠点、公交线路等,同时由于城市公交系统本身也是一个复杂巨系统,因此改善城市交通网络的运输效率等问题可依靠复杂网络的相关理论进行分析。运用复杂网络理论分析公交网络，有三种网络构建方法：公交站点网络模型、公交线路网络模型和公交换乘网络模型。以现实的城市公交线路中公交站点之间实际拓扑模型构建公交站点网络模型；以公交线路为顶点，如果两条公交线路之间有部分相同的站点，则这两个顶点之间有一条边连接构建公交线路网络模型；以公交站点为网络的顶点，按照公交站点的走向把线路沿线的站点连接起来构建公交换乘网络模型。

Sienkiewicz（2005）分析了波兰21个城市的公共运输网络的拓扑结构特性，发现它们的度分布不是服从幂律分布就是服从指数分布。

Wu（2006）从两个方面对城市公交网络进行了探讨，发现北京市公交网络具有典型的复杂网络特性，并通过随机攻击和蓄意攻击两种方式进一步分析了北京公交网络的有效性和抗攻击性。

张欣（2006）在大连市实际公交网络数据的基础上，构造了大连市公交停靠站点网络模型和大连市公交换乘网络模型。通过与相同规模的随机网络的对比，在大连市公交停靠站点网络上发现了其网络的小世界效应（具有相对大的集聚系数和相对小的平均最短路径长度）。通过分析大连市公交停靠站点网络的度值分布、边权值分布，发现这三个分布的双对数曲线大致均为直线，表明大连市公交网络具有无标度特征，公交网络对随机故障具有较强的鲁棒性。

李英（2007）、惠伟（2008）对北京、上海、大连、深圳等城市的城市公交网络进行研究，从公交停靠站点网络、公交换乘网络和公交线路网络三种不同的方向研究了城市公交网络的复杂网络特性，对平均路径长度、聚类系数、节点度等方面进行了统计。

张玮（2008）阐述了城市公交复杂网络建模的三种方法，并以江苏南京市公交网络为例，分析城市公交网络的几何特征，研究结论表明：南京市公交网络具有一定的增长性，南京市公交网络的节点对新增节点有着很强的偏好依附性。在众多的节点中，大多数节点度很小，但也有一些节点度很大，这些节点一般都出于市区繁华地带或者是交通要道。

(三) 地铁网络

Latora（2005）对波士顿地铁的小世界网络特性进行了初步的研究，波士顿的地铁网络被抽象化为一个无向带权图：地铁站点是图中的节点，如果至少有一辆列车能够中途不停顿地从一个车站到达另一个车站，那么这两个车站对应的节点之间就有弧段相连，弧段的权重表示两个站之间的距离。该地铁系统的全局效率数值较高，反映出各个站点之间联通流畅，整个系统的运行质量较好。

Seaton（2004）基于类似的思想详细计算了波士顿和维也纳两个城市地铁网络的集聚系数、平均最短路径长度和平均度，将它们与随机网络相应值进行比较，发现两个网络均具有小世界效应。

汪涛（2008）借助城市地铁网络的两种描述方法，以北京、上海和广州地铁网络为例，分别构造了城市地铁网络的 Space L 和 Space P 模型。研究结果表明，Space L 模型的地铁网络群聚系数近似为零，绝大部分节点的度为 2，是一个树状网络；基于 Space P 模型的地铁网络有着大的群聚系数和小的平均最短路径，是一个典型的小世界网络。

王云琴（2008）研究了北京市轨道交通网络的统计特征，得出如下结论：北京市轨道交通网络的度分布符合幂律分布，具有较小的平均路径长度和较大的聚集系数，是一个典型的无标度网络。

(四) 铁路网络

很多研究者构建了各种铁路网络模型研究其特性。

Sen（2002）研究了印度铁路网络的 Small-Word 特性并对其有效性进行分析。

赵伟（2006）对 2005 年全国铁路客运时刻表中收集到的全国 29 个省、市、自治区（不包括台湾省、海南省、香港特区、澳门特区、西藏自治区）铁路信息（其中包括有 3431 个站点和 2147 列火车）进行研究，构建了两种不同的网络模式：铁路物理网和铁路运输网。统计结果表明，铁路物理网是树状网络，平均群聚系数近似为零，车流网是具有无标度性质的小世界网络。

Li（2007）统计分析了中国铁路网的统计特征，发现其具有无标度性质的小世界网络，其结论与赵伟等学者得出的结果一致。

卢彬源（2008）以中国铁路网为对象，将其抽象为铁路地理网和铁路车流网描述，在此基础上分析其加权性质。加权物理网与无权物理网的性质相似，不具备小世界和无标度的性质，是一个树状结构网络，网络边权分布比较均匀，节点间相互连接与节点的度无关；加权车流网也不具有小世界性质，最短距离和集聚系数比较大，但点权分布符合幂律，网络具有无标度性质，网络的性质比较稳定，边权的分布也比较均匀，在节点度较大的情况下，权重大的边倾向于连接度值大的节点，即大站之间车流量大。

叶婷婷（2009）分析了全国铁路网络的静态统计特征，结论如下：全国铁路网络的度分布可以用一条幂律函数拟合，但拟合平方值 $R^2 = 0.54$，说明全国铁路网不具有无标度网络的特征；整个铁路网络的平均聚集系数为 0.66，说明全国铁路网的集聚情况较差，较少存在三角形环路；全铁路网络的平均路径为 10.7，即在整个铁路网中，从一个站点到另一个站点平均要经过 10~11 个站；全国铁路网络局部连通效率的平均值为 0.82，说明全国铁路网的局部连通度很高，这还预示着全国铁路网在客流高峰时快速疏散客流的能力很强，因为这些站点的紧密程度很强。

对于交通网络结构的研究，特别是航空、道路和铁路方面，有如下一些共同点：采用实证的方式对交通网络的结构特征进行统计分析，得出统计参量的值，对于交通运输网络的层次特征及各层之间的相互作用关系的深入分析研究比较少。

二、网络抗毁性研究

现实网络是复杂多样的，不同类型网络的结构和功能存在很大差异，因此，在不同领域中，网络抗毁性的定义也不尽一致，并常常与网络可靠性（Reliability）、鲁棒性（Robustness）、有效性（Availability）等指标混用，不加区分。

铁路网抗毁性分析

（一）网络抗毁性的定义

网络抗毁性（Survivability）的定义目前还没有形成统一的表述。在复杂网络方面，网络抗毁性是指在网络中的节点（边）发生自然失效或遭受故意攻击的条件下，网络维持其功能的能力。

从软件工程的角度给出抗毁性的定义：当系统的一部分遭受攻击并已经瘫痪时，关键服务仍然能够使用的程度。在计算机网络的研究中，给出的定义为：当网络中出现确定性或随机性故障时（如链路或节点故障），网络维持或恢复其性能到一个可接受程度的能力。

在通信网研究中，李安涛（1992）认为：通信网的抗毁性是通信网受到电子战、物理破坏和NBC（核、生物、化学）威胁时，仍能完成特定功能的能力。罗鹏程等（2000）给出的定义为：为了中断部分节点之间的通信需要破坏的最少节点数或链路数，黏聚度和连通度是抗毁性的两种度量。这一定义假定破坏者具有关于系统结构的全部资料，并采用一种确定性破坏策略。潘丽君（2006）认为，当网络中出现确定性或随机性故障，部分组成要素或局部子网遭受人为或自然的软压制、硬摧毁时，网络维持及恢复其性能、效能到一个可接受程度的能力。刘啸林（2006）给出的定义为：当通信网络中出现故障时（通常是链路或节点故障），网络挽救业务能力的大小。网络抗毁性是衡量网络这种通信备份能力的指标，通信网抗毁性的高低，取决于网络的拓扑结构、网络链路上的备份带宽和网络中的传输业务三个方面。

在军事领域，抗毁性通常指系统在受到敌方物理破坏或火力攻击环境下，在规定的时间内完成规定功能的能力。该定义强调了敌方的主动攻击性，即网络节点（边）发生故障的原因来源于外部故意攻击，对于一个军事网络系统来说，这种攻击可以是电磁信号干扰而导致网络通信中断，或破坏保障网络的重要枢纽以切断物资供应。Bell（2014）定义铁路网的生存性，是指铁路网络在战时遭敌方破坏或平时突发事件条件下能够保存或恢复网络的战术性能，完成军事和国防经济运输任务的能力。

由此可见，尽管研究领域不同，但网络抗毁性强调的是遭受到入侵、系统的关键部分遭到损害或被摧毁时,系统的适应性、恢复性以及关键服务的完成情况,关注的是潜在毁坏事件的影响过程。

(二) 网络抗毁性评估

关于抗毁性评估的相关研究主要集中在两个方面:网络拓扑结构抗毁性和网络业务功能抗毁性。网络拓扑结构抗毁性主要研究具有不同拓扑结构的网络中,节点或边在随机失效或蓄意攻击下的网络连通性,大多数研究集中在复杂网络方面;网络业务功能抗毁性的测度一般是确定性测度,是指为了摧毁网络需要破坏的最少节点数或边数,常用的测度指标有连通度、黏聚度等。这种抗毁性测度最大的问题在于复杂网络中存在大量度数很小的节点,这样很多网络的连通度、黏聚度几乎相同,从而失去测度的意义。

Albert(2000)选择了最大子集团尺寸和平均最短路径来测度复杂网络的连通性能,但随着破坏程度的加大,最大子集团尺寸逐渐变小,但平均最短路径却是先变大后变小,这种差异性给抗毁性的研究带来了很多不便。

吴俊(2005)提出了复杂网络的抗毁性,从连通性的角度描述了网络拓扑结构的可靠性,给出一个新的复杂网络连通性测度,称为网络连通系数:

$$C = \frac{1}{\omega \sum_{i=1}^{\omega} \frac{N_i}{N} l_i}$$

式中,ω 为网络连通分支数,N_i 为第 i 个连通分支中节点数目,N 为网络节点总数目,l_i 为第 i 个连通分支的平均最短路径,即该连通分支中任意两个节点之间最短连接距离的平均值。以节点连通系数为基础,针对复杂网络面临的两种不同打击,给出了复杂网络抗毁性的两个新测度:网络的节点容错度和节点抗攻击度,并以世界贸易网为例进行了网络抗毁性分析。

肖伟锋(2002)针对有多个内部局域网的网络,每个内部局域网之间通过一条或多条链路连接成一个大的局域网抗毁性进行分析,提出节点团的概念，将构成局域网的一个网段及连接到该网段上的工作站抽象成一个节点团，抗毁连通度 G 是网络中所有节点团之间可能通信路径的平均数。

陈建国（2006）以节点度的均方差度量网络的抗毁性。

唐新强（2008）认为，对地域通信网的抗毁性分析不应只考虑网络节点完整时的连通性能，还应考虑部分节点失效时剩余网络元素之间的连通性能，抗毁性评价应包含网络节点从完整到逐个失效直至网络完全失去功能的整个过程。因此，地域通信网抗毁性评价的标准应该是以节点完整和节点依次失效时的连通性能之和作为度量值，连通性越高则抗毁性越强。网络抗毁性的测度指标定义为：

$$SM(G) = \sum_{k=0}^{n} CM(k)P_k$$

式中，$SM(G)$ 为网络 G 的连通度；$CM(k)$ 为从网络中删除最重要的节点所得到的网络的连通度，n 为在网络完全失去连接（所有的节点都是孤立的，彼此没有连接）之前必须删除的节点的数量。P 为 CM（k）的权值，其取值根据实际的条件和要求确定，如网络节点本身的可靠性、业务特性、专家意见、经验数据等。

在铁路网方面，海军（2005）引入了铁路网络临界截面的概念，通过寻求铁路网络的临界截面，从而确定出铁路网络中生存能力较弱的区段，为改进、增强和提高战时铁路网络的生存能力提供科学依据，对于顺利完成铁路军事运输任务具有十分重要的意义。

网络业务功能抗毁性主要研究在突发事件下，网络的性能和承载能力，在这方面的研究主要集中在通信网、计算机网等方面。基于网络业务有效性的网络抗毁性分析不单纯分析网络的连通状况，更关心的是在各种攻击条件下，网络提供的服务质量能否满足一定的业务性能，流量分配的优劣将直接关系到网络的使用效率和抗毁性。在网络功能度量方面，不同网络实现的功能是不同的，物流网络希望节点之间能以最短的距离运输物资，通信网络希望节点之间能保持连通以交流信息，这导致在开展抗毁性研究时，随着研究对象不同，对网络功能的度量也不相同。科学合理地选择网络功能的度量指标,是有效地进行网络抗毁性评价的前提条件。

Albert 等(2000)的研究中,他们选择了极大连通片尺寸与网络规模之比和极大连通片平均最短路径作为网络功能度量指标。

Latora(2005)在对美国光纤网、波士顿地铁网等几种实际网络进行实证分析过程中,定义了网络的抗毁性(Vulnerability)$V[S, D] = \frac{\phi[S] - W[S, D]}{\phi[S]}$ 为区间[0,1]上的函数,其中 $\phi[S]$ 为某网络功能度量指标下没有受到攻击时的值,$W[S, D]$ 为在各种可能的攻击情况下,该指标的最小值。

潘丽君(2006)从干线节点密度变化、网络可通性和网络流量变化三个方面提出抗毁性指标,有效节点密度、节点(边)的连通度以及最大容量路集的变化、流经各转接节点的最大流变化、最佳流或最小代价流的变化情况等分析网络的抗毁性。

张中伟(2000)使用随机性方法,将抗毁性与网络的业务传递能力相互关联起来,提出基于链路业务恢复比、基于链路级业务丢失和基于链路级业务加权、基于业务需求的对网络抗毁性量度。

陈建国(2006)针对通信网络的传输业务,分别使用两种不同的备份方式,可以通过计算基于链路备份的抗毁性系数和基于节点备份的抗毁性系数两个指标衡量网络抗毁性的高低。

陈建国(1998)定义特定节点对间可被网络传送的业务量的百分数为业务数百分比,可被网络传送的整个网络业务量的百分数为网络抗毁性。

在轨道交通网络方面,高洁(2007)从可靠性理论出发,结合城市轨道网络特点,提出了城市轨道网络系统抗毁可靠性的定义为:整个轨道交通网络在受到外界破坏作用后正常运营的能力。同时,将抗毁可靠度定义为抗毁可靠性的度量值。根据网络的拓扑结构及客流分布特点,从运输量分配入手,把从路网中单独隔离出子系统后所影响的客流量作为评价子系统抗毁可靠性的依据,建立子系统抗毁可靠性的评价指标,并应用逻辑或运算计算相应的评价指标。在评价子系统抗毁可靠性基础上,提出了5个

铁路网抗毁性分析

网络系统抗毁可靠性特征值,从不同角度评价路网系统的抗毁可靠性。

谭跃进(2008)给出了复杂网络抗毁性研究的一般框架:首先根据所研究复杂网络的功能特点,制定合适的抗毁性度量指标,继而采用不同的网络失效模式和修复策略,建立复杂网络抗毁性模型,根据模型的解析或仿真分析结果对复杂网络抗毁性进行评价。从重复进行建模到评价这一过程,即可找到适合该复杂网络的有效攻击策略或修复策略。抗毁性评价的结果用于指导所研究网络的抗毁性优化设计。

郑亚晶(2012)对铁路路网突发损毁事件引起的级联失效效应进行了细化分析,在这一效应的基础上,提出了多个反映路网抗毁性的指标测度,并指出这些指标测度的适用范围。通过对这些测度值的分析对比,可对铁路路网中常驻维修力量的分布、损毁事件后调度策略的决策等方面提供理论依据。

迄今为止,对网络抗毁性的大部分研究集中在网络连通性和提高抗毁性的措施方面。目前的研究忽视了不同应用背景下网络抗毁性的"特殊性"。以实际网络为背景,从连通和业务有效角度出发,研究分析网络的抗毁性,提高实际网络的整体抗毁能力是今后研究的重点。

三、重要节点标定方法

关于节点重要度标定的研究,主要有两种基本思路:

(一)基于"节点的重要性等价于节点被删除后对网络的破坏性",即"节点的重要性等价于破坏性"的假设

显然,对网络连通的破坏程度越大说明被删除的节点(集)越重要,因为网络连通(或系统功能)的维持依赖于它们的存在。

李鹏翔(2004)应用此思路,提出了"节点删除"的计算方法(C_R法)。该方法在考虑连通分支的大小和形状的基础上,用节点(集)被删除后形成的所有不连通"节点对"之间的距离(最短路)的倒数之和计算指标的大小。这种做法隐含这样的假设:破坏近距离的、相对直接的联系所造成的破坏性大于破坏远距离的、相对间接的联系所造成的破坏性。这

种网络节点的重要性指标不仅能够识别网络中的"割点或割点集",也能很好地区分其他普通节点(集)的重要程度。但是,这种方法有一个较大的缺点是随着网络的增大,计算量成几何级数增长。

为了提高复杂网络的容错性和可靠性,刘浪(2007)基于"节点的重要性等价于节点删除后对网络的破坏性",提出了网络节点重要度计算的新方法——优先等级法。该方法既考虑了网络的局部特性,又考虑了整体特性,通过算例证明了该方法的有效性和优越性。

吴俊(2007)提出了一个基于负载重分配的复杂负载网络级联失效模型,与现有模型的区别在于:①针对每个节点定义了一个"过载函数";②用节点权值演化代替网络拓扑结构的演化,在级联失效模型的基础上,提出了考虑级联失效的复杂负载网络节点重要度评估方法及步骤,认为节点失效触发的级联失效过程结束后网络的平均加权效率越低,则该节点越重要,最后的实例分析表明,考虑级联失效对复杂网络节点重要度的评估结果有重要影响,该方法有助于发现网络中一些潜在的"关键节点"。

朱静(2008)从网络的拓扑结构出发,给出了关键节点的定义方法,提出了一种基于聚合度大小排序的关键节点识别方法,并给出识别流程。通过实例分析,验证了该方法的有效性、简单性和准确性。

(二)基于"节点重要性等价于该节点与其他节点的连接而使其具有的显著性",即"节点的重要性等价于显著性"的假设

该思路是从网络中寻找某种有用的属性信息(如度、最短路、路径中包含的信息量等)突现网络节点间的差异。即充分地反映出节点在网络中的位置特性,将网络节点的显著性进行"放大",以定义节点的重要度。

赵毅寰(2009)提出了一种利用节点间关联特性的通信网络节点重要性评价方法。该方法定义的节点重要性贡献矩阵考虑了网络中不同节点间的连接关系对节点重要性的影响,每个节点对其相邻节点重要程度的贡献与该节点的度有关,节点的初始重要性设为该节点的介数。利用该算法对典型网络的节点重要性进行分析,并且与移除节点的方法进行对比。实验结果表明,所提出的算法无须考虑网络拓扑结构的变化,结果精确并能正

确评价节点对网络资源的控制能力。

朱静（2009）根据地域通信网的典型特性，针对节点容量法和节点连通度法的缺点，提出了一种新的关键节点识别方法，并给出了关键节点识别流程，其方法是：首先，比较节点连通度的大小，定义连通度最大者为关键节点；其次，当存在某两节点的连通度一样大时，取节点的容量大者为关键节点。

叶春森（2010）提出了基于节点的度和凝聚度线性加权的节点重要性测度指标，以网络信息连通性和连通成本为目标，描述了节点重要度概念，论证了度和凝聚度与网络平均最短距离的等价性，通过节点度和凝聚度的权重设计，体现了实际网络节点间的不同属性。

谭跃进（2006）定义了网络的凝聚度，在此基础上提出了一种评估复杂网络节点重要度的节点收缩方法，认为最重要的节点是将该节点收缩后网络的凝聚度最大。该方法综合考虑了节点的连接度以及经过该节点最短路径的数目，克服了节点删除法的弊端。

刘艳（2007）提出了一种基于节点重要度评价的骨架网络重构策略，该策略采用节点收缩后的网络凝聚度定量评价网络中电源和负荷的重要性。在此基础上，用结合网络结构和运行质量的综合评价指标—网络重构效率全面、客观地衡量重构效果。

罗志忠（2005）通过分析，现有公路网节点重要度指标的权重计算方法存在的问题，提出利用主成分分析法进行公路网节点重要度指标权重计算的思想。主成分分析法以适当的主成分综合原始指标的信息，克服原始指标中存在的相关性等不良影响，通过分析得到主成分的方差贡献率，即为公路网节点重要度各项新指标的权重系数，并给出应用实例，效果良好。

在突发情况下路网的修复方案方面，国内外已有一些研究，学者 Tamura（1994）、Sato（1996）、Arimura（1999）、Chen（1999）、Fiedrich（2000）和 Feng（2003）等研究了突发事件发生后，道路网修复方案制定问题。这些研究大多数以车辆路径模型研究突发情况下路网修复方案的制定，在这些模型中包含很多与问题相关的约束，求解起来十分困难，并且时间因素没有在这些模型中体现,在实际中应用也很困难。

Chen(1999)研究了突发危机下道路维修的方案制定问题,构建了模糊的多目标模型,提出了一种改进的遗传算法。维修方案不仅制定了维修的顺序,而且制定了各个业务工的任务。

Yan(2009)运用动态服务网络方法研究了突发情况下道路网的维修方案以及随后的物资调度模型,考虑时间因素构建了两者的统一模型,但是求解时分成两个小问题进行求解,没有考虑两个子问题之间的协调。

陈昭明(2004)介绍了铁路救援辅助决策系统的设计思想和实现路径。该系统采用基于数据库技术的模块化结构,用产生式规则系统表示救援决策知识。在推理策略上设计了逆向和前向的两条技术路径实现决策操作。

刘仍奎(2004)在研究事故救援现状的基础上,分析并提出了铁路事故救援系统的构建条件,将铁路事故救援的可用资源分为内部资源和社会资源两大类,归纳总结了参与铁路事故救援的各部门组织的结构关系;根据实践中铁路事故救援的工作程序,归纳出事故救援系统的工作流程,探索了事故救援预案的构成内容;将铁路事故救援系统划分为救援资源、救援预案库、事故救援辅助决策等6个功能模块,并进行了功能模块的分析以及系统的特点分析。

四、铁路客货流疏解方案研究

突发事件发生后,运输组织的核心问题是应急运输和车辆调度问题,突发事件下的应急物资运输与车辆调度问题具有弱经济性、时效性、多目标性和动态性等特点。国内外许多学者对其进行研究,研究成果主要集中在道路网应急运输和车辆调度方面。

Ray(1987)以赈灾货物在运输和存储上的所有费用最小化为目标,构建了单一商品、单一方式的网络流模型。

Haghani(1996)将应急救灾问题抽象为带时间窗的多方式、多商品网络流问题,目标考虑了车辆的流动成本、商品流动成本、滞留成本与转运成本,通过运输方式的转换成本将不同运输方式网相联结,并考虑车辆流动限制、物资流动限制与容量限制，继而提出了两种启发式解法：第一种是拉格朗日松弛方法，第二种是 Fix-and-run Process 启发式算法，这两种算法均运用 Lingo 数学规划软件辅助求解。

Eldessouki（1998）认为使用混合整数规划方法建立的应急物资模型计算较为复杂，并且花费时间较长，不适合于突发事件应急管理场景的需要，主要原因是使用混合整数规划方法建立模型增加了问题的复杂性，因此设计了一种新的使用 Cellular Automata 技术建立混合路线分布与指派问题模型的方法，并在实例中使用精确算法与 CA 模型算法进行比较，证明了 CA 方法求解速度快、灵活的优点，但在研究中并没有考虑运输方式、可用交通工具数量等应急场景中经常出现的一些决策变量。

Barbarosoglu（2002）针对派遣直升机运送救灾物资问题，提出了双层规划模型，上层决策包含指派飞行员、直升机的飞行时长限制、机队总容量限制等，以求得总成本最小化为目标；底层包含路径选择问题、燃料限制、容量限制等约束，以总时间最小化为目标。并运用多准则分析（Multiple Criteria Analysis）方法协调上层和下层目标以达到最优化。

Tzeng（2007）研究了公路应急物资调度问题，提出了以经济、效率和公平为目标的应急物资调度多目标优化模型，并以实例进行分析验证。

Yan（2009）研究了突发危机情况下维修计划及救灾物资的配送计划的联合制定问题，构建了维修计划和配送计划联合优化的模型，提出了一种求解方法，并且运用实例验证了模型和算法。

施佑林（2004）在考虑了灾后道路抢修与应急救援物资配送的相关限制条件，构建了一个灾后抢修工程与应急救援物资配送的多目标规划时空网络图模型，目标分别是以最小化整体的抢修工时与整体救援物资运输时间，但没有考虑在应急救援运输时的车辆调度问题。

缪成（2007）研究了突发公共事件下应急物流中的优化运输问题，构建了应急物资运输与车辆调度的多模式网络模型，设计了基于拉格朗日松弛法的求解方法。

在铁路方面，吴晓东（2006，2008）研究了特殊需求的紧急输送计划编制模型与算法，采用基于"固定点号"的方法安排运行计划，实现流线间的有机结合，其研究以现有列车运行图为基础。

王旭坪（2013）针对大规模突发事件下应急物资动态调度问题，构建以最小化灾民损失和车辆调度费用为目标的混合整数规划模型，以对运力受限情况下的救援车辆路径选择和应急物资分配进行综合决策，利用分层求解策略缩小问题的求解空间，设计了遗传算法进行求解，得出物资集散地不同运力下的应急物资调度方案。

马祖军（2014）综合考虑出救点选择、供应能力以及车辆路径连续性等约束条件，以应急响应时间最短为目标，基于滚动时域策略建立了出救点选择与救援车辆路径的集成优化模型，设计了一种改进遗传算法和线性规划法相结合的两阶段算法。

自从 19 世纪 70 年代最优化模型被首次应用于潜艇灾难应急中，其已经成为解决应急运输问题的强大工具之一（Caunhye，2012）。从现有文献分析可知，也已形成了较为丰富的研究成果，如 Haghani（1996）、Fiedrich（2000）、缪成（2007）、王伟（2012）、舒其林（2012）、Berkoune（2012）、王婧（2013）、Zheng（2015）等，他们分别就单商品或多商品、单模式或多模式的应急物资运输问题进行研究，建立了应急优化模型，并设计精确求解方法或元启发式求解算法。以上研究是在静态决策过程中对应急运输的问题进行深入分析，构建了静态模型，设计了优化算法，但通过对应急问题的深入分析，发现应急物资分配和应急运输方案应随着灾害事件发生后所处的环境的不同实时的优化（叶永，2013；熊浩，2013；Galindo，2013）是一个动态的过程。

关于空车调配问题，尤其是动态空车调配问题在国外引起了众多学者的兴趣，大量文献都对空车调配问题进行了论述，随着对空车调配问题研究的深入发展，许多新的研究成果和方法陆续出现。

White（1969）首次在空车调配问题中提出了运用时空网络技术，其构建的最小空车走行费用的线性规划模型，可用 Out-of-Kilter 算法加以求解。

Ouimet（1972）在传统的时空网络上加入了线路能力以及空车库存的

概念，所构建的模型要求服务延迟最小化、空车走行公里最小化和空车库存数量最小化，强调了预测供需量的重要性，并建议模型应随着供需预测量的变化而重新求解。

Holmberg（1998）将空车调配问题看作多商品网络流问题，设定一种商品代表一种类型的车，同时车种代用概率也被提及，对该模型设计了一套拉格朗日启发式算法，并与经典的分支定界法作对比研究。

Gorenstein（1971）较早地结合列车时刻表将重车和空车混合考虑，其所建的线性规划模型模拟了车辆移动调度过程。

Fukasawa（2002）根据巴西的铁路运输组织设计了多车种多需求的空重混合时空网络，网络中的弧表征了列车走行、装卸车、停站以及摘挂车的车流组织情况。同时，为了增加模型的实用性，设计了预处理阶段来缩减变量和约束，缩减后的模型能借助整数规划软件包求解。

由于在大规模路网下空车调配问题的规模往往比较大，所以学者提出了分阶段优化的策略。Glickman（1985）根据美国铁路特点提出了三个阶段模型，模型一将路网空车调配看作传统的运输问题，模型二在模型一的优化结果范围内根据设计标准来提高各个公司的收益平衡，模型三则根据模型一和模型二的决策进一步优化，实现各公司费用最小化。

Shan（1985）提出了两阶段模型，模型一将车辆运行看作时空网络上的运输问题，模型二在模型一的基础上加载了能力限制以及车辆类型，最后采用单纯形法对问题进行了求解。

梁栋（2007）运用服务网络研究了铁路空车调配问题，提出了铁路局管内空车调配的多阶段策略优化模型，利用数学规划软件，采用逐个阶段优化的方法求解模型。

五、既有研究总结

综上所述，国内外学者在与铁路网抗毁性分析和评估有关的理论及方法方面做了大量的研究，尤其是在交通运输网络结构和应急运输方面进行了深入的研究，但以铁路网系统为研究对象，针对铁路网系统的特性，对相关问题进行深入研究的相对较少。相关研究工作和其局限性主要体现在以下几个方面：

（1）采用以实证的方式对交通网络的结构特征进行统计分析，得出统计参量的值：铁路物理网具有树形结构，旅客换乘关系网络具有小世界和无标度的特性。对于网络为什么表现这些特性、交通运输网络的层次特征及加载流以后网络的特征进行深入分析研究的比较少。

（2）网络抗毁性研究分为拓扑结构和网络功能抗毁性两个方面。网络拓扑结构的抗毁性研究大多数集中在复杂网络的抗毁性，以连通度为评估依据。网络功能抗毁性主要集中在通信网、计算机网等方面，以业务损失量为评估依据。铁路网具有层次性、可恢复性和他组织性，铁路网的抗毁性含义发生变化，已有研究不适用于铁路网抗毁性分析和评估。

（3）在关键节点识别方面主要有两种基本思路：一种思路是基于"节点的重要性等价于节点删除后对网络的破坏性"；另一种思路是基于"节点重要性等价于该节点与其他节点的连接而使其具有的显著性"。铁路网可以分为物理网和运输网，突发事件发生后，需要从节点修复对网络功能的贡献角度识别关键节点。

（4）突发事件发生后，紧急输送计划编制理论研究主要集中在道路网应急运输。大部分研究采用车辆路径模型，未考虑时间因素，实际中应用困难。有文献引入时空网络进行研究，解决了车辆路径模型的不足。突发事件发生后，铁路应急运输是以整车直达为主，动态车辆调配，优先满足紧缺物资运输，现有研究不能较好地解决此问题。

第四节 研究方法及技术路线

一、研究方法

以铁路网抗毁性为主线，充分借鉴已有的研究成果，采用复杂性科学、系统科学、交通规划学、运输组织学、运筹学、可靠性学等相关学科的理论和方法研究，注重理论和实际相结合，以实际案例对铁路网系统抗毁性进行理论分析和验证。

第一，阐述了铁路网系统的概念，界定了其研究范围，分析了铁路网系统的构成。以复杂性科学为基础，分析了铁路网的开放性、动态性和他组织性特点。在此基础上，运用复杂网络理论，构建了铁路网网络模型，并对铁路网进行实证分析，为后继研究奠定研究基础。

第二，阐述铁路网抗毁性的定义，将铁路网抗毁性概括为突发事件下铁路网系统的适应性和恢复性，分析了铁路网抗毁性的影响因素。在此基础上，根据离散动态系统理论，将突发事件下铁路网的修复及调度调整视为在外部作用下系统状态跃迁过程中的决策，提出铁路网抗毁性的分析模型，并给出了铁路网抗毁性研究框架。

第三，根据系统工程的思想，从铁路物理网和运输网两个方面构建了铁路网抗毁性评估指标，给出了评价指标的计算方法。

第四，阐述了铁路网关键节点的概念，从节点被修复后对铁路网性能贡献的角度，提出关键节点的识别方法，并考虑铁路货物运输优先级和运输需求量。在此基础上，给出铁路物理网修复时序方案。

第五，根据突发事件下铁路客、货流疏解问题所表现出来的多目标、动态性等特点，分别研究了铁路客流疏解方法和铁路货流疏解问题。对于铁路客流疏解问题，提出突发事件下铁路旅客输送径路的优化方法；对于铁路货流疏解问题，以列车为研究对象，运用服务网络理论，建立了突发事件下的铁路货流疏解模型。根据模型的特点，设计了一种逐步固定变量为整数的启发式求解方法。

二、技术路线

本书的技术路线如图1-1所示：

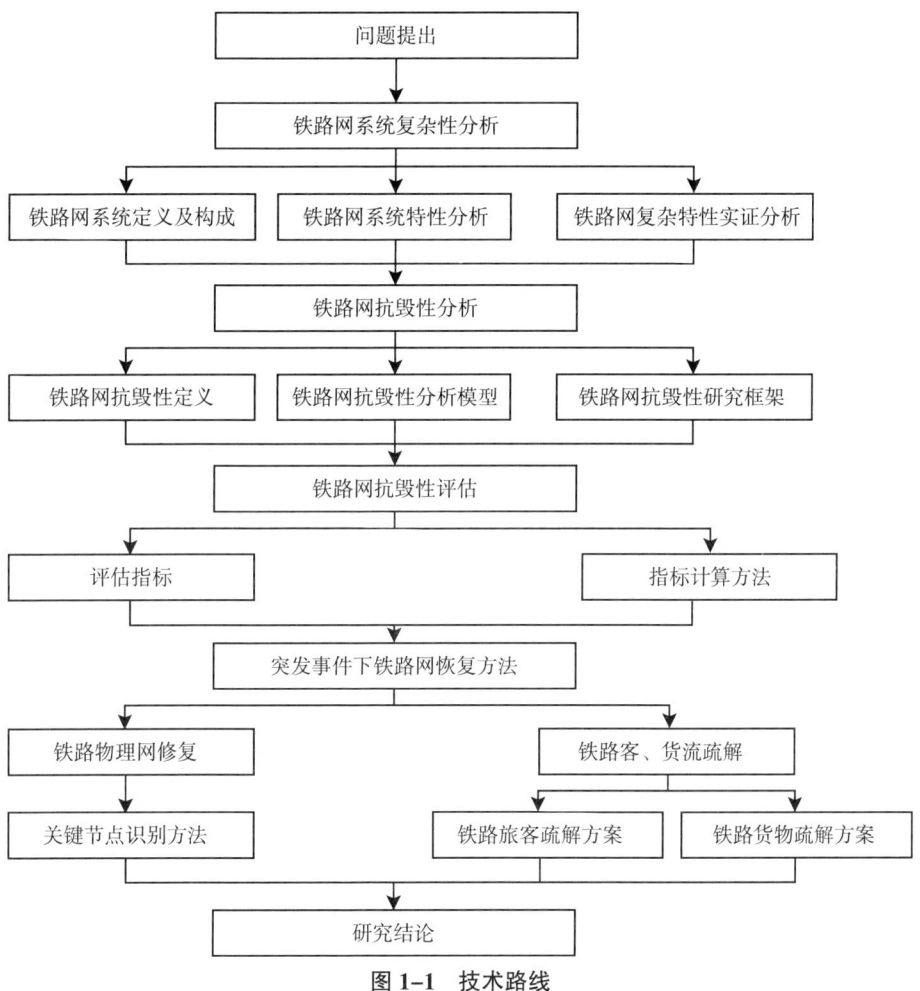

图1-1 技术路线

三、本书结构

本书在深入分析和总结相关文献、资料的基础上，结合中国铁路网复杂特性，按照提出问题、分析问题和解决问题的研究思路，构建铁路网抗毁性分析模型和框架，研究了相关的应急处置和控制技术方法，利用案例数据进行了验证，最后形成研究结论。本书共八章，分为五个部分，其结构如下：

第一部分是研究背景和文献综述部分，包括第一章。第一章是绪论，主要提出研究课题背景、研究目的、研究意义、研究综述、研究方法及技术路线和本书结构。

第二部分是铁路网系统复杂性部分，包括第二章和第三章。第二章提出铁路网系统的定义及构成，分析了铁路网系统的开放性、动态性和他组织性，并从系统目标、系统结构和系统动力学方面分析复杂性。第三章实证分析铁路网的复杂特性。构建铁路网的网络模型，以实证的方式分析了铁路网的复杂特性，研究结果表明：铁路物理网受突发事件的影响容易出现不连通的现象，铁路旅客运输网具有无标度特性的小世界网络。

第三部分研究铁路网抗毁性分析模型，包括第四章和第五章。第四章提出铁路网抗毁性分析模型和框架，将铁路网抗毁性概括为突发事件下铁路网系统的适应性和恢复性，分析了铁路网抗毁性的影响因素，并提出铁路网抗毁性的分析模型。第五章提出铁路网抗毁性评估方法。从铁路物理网和铁路运输网两方面提出铁路网抗毁性评估指标。并以突发事件下与正常情况下的网络性能的变化为基础，量化并计算指标。

第四部分研究铁路网系统的应急处置技术，包括第六章和第七章。第六章提出突发事件影响下铁路网关键节点的识别方法。基于"节点或边被修复后对网络功能的影响"的思路提出关键节点或边的识别方法。根据铁路网系统的特点，指标的量化和计算考虑了客、货物运输的优先级和运输需求量。第七章提出铁路客、货流疏解方案编制方法。铁路客、货流疏解问题可以分为铁路客流疏解和铁路货流疏解两个子问题。对于铁路客流疏解问题,针对突发事件下铁路旅客的输送特点,提出铁路旅客运输输送径路优化方法;对于铁路货流疏解问题,针对突发事件下铁路货物输送特点,提出铁路货流疏解模型,并给出快速求解方法。

  第五部分是结论部分,包括第八章。第八章是研究结论及展望,根据理论归纳、模型和方法研究、案例研究提出研究结论,并据此提出对未来进一步研究的展望。

第二章　铁路网系统复杂性分析

铁路网系统具有结构复杂、规模庞大、参量众多、功能综合多样等特征。本章在对铁路网系统的概念、构成、目标和外部环境进行分析的基础上，分析了铁路网系统的开放性、动态性和他组织性特点，并从系统目标、系统结构和系统动力学方面分析铁路网系统的复杂性。

第一节　铁路网系统

一、铁路网系统的概念

系统由执行特定功能、达到特定目的的以及相互关联的元素组成。铁路运输单靠一个点、一条线的服务是不够和不完整的，它是由点、线构成的一个完整的铁路网络系统。铁路网系统指涉及铁路运输所有环节，并由各运输要素组成的、具有特定功能的有机整体。

铁路网系统是一个连续的过程系统。运输生产过程包括货物的集、装、运、卸、散和旅客的进站、上车、运行、下车、出站等环节，需要通过合理的运输组织，确保客、货运输全过程的实现和运输过程的连续性，达到以最快的速度，均衡、质量良好地完成运输任务。

二、铁路网系统的构成

系统的结构是系统内部各要素相互联系、相互作用的方式或秩序,即各要素之间的具体联系的作用形式,是系统保持整体性以及具有一定功能的内在依据。

在广义上,铁路网系统包括铁路网需求系统和铁路网供给系统。铁路网需求系统指一定时期内社会经济活动产生的货物空间位移需要中经由铁路运输承担完成的部分。从网络拓扑结构角度分析,铁路网需求系统可以抽象为铁路需求关系网。铁路网供给系统指的是在一定时期内,一定的价格水平下,运输生产者愿意而且能够提供的与铁路货物运输生产过程相关的运力资源的统称,不仅包括硬件设备还包括软件设备,如运营计划和运输产品的设计。从网络拓扑结构角度分析,铁路网供给系统可以抽象为下层的铁路物理网和上层的铁路运输网。

在狭义上,铁路网系统即铁路网供给系统,在特定的物理网络基础上,为了最大限度地满足国民经济及社会发展对路网的运输需求,同时最大限度地发挥路网的效用而建立起来的与铁路运输过程直接相关的各种设施和手段的统称,是输出运输能力的整体系统。

(一) 铁路运输需求网

运输需求,是一种由其他经济或社会活动派生出来的需求,具有广泛性、多样性、派生性、空间特定性、时间特定性和部分可替代性的特点,在多个商品产地和销地并存,而且有多种可替代运输方式的情况下,运输需求以及运输市场上的供求均衡都会呈现十分复杂的状态。铁路运输需求是铁路网不同站点间运输需求构成的整体,其不仅是一个单一的数量上的概念,而且是由众多具有流向、流量、流程的铁路运输流矢量要素构成的集合,具有空间分布特性。铁路运输需求可分为铁路货物运输需求和旅客运输需求。铁路旅客运输需求是铁路网不同站点间旅客运输需求构成的整体,主要受社会经济发展水平、居民生活水平和消费水平、人口数量、客运价格、客运服务质量等因素影响。铁路货物运输需求是铁路网不同站点间、不同品类货物运输需求构成的整体，主要受经济发展速度和水平、货运价格、货运服务质量、产业结构和产品结构等因素影响。

铁路运输需求关系网简称铁路运输需求网，是铁路系统中由旅客或货物运输需求的节点及其之间的连线所形成的集合。铁路运输需求网络的结构依托所研究路网的基本结构，在路网上任意站点和其他站点之间如果有运输需求，则这两个节点间有边可以直接相连，所有的虚拟连接线（网络上的边）便构成了运输需求的空间分布网络结构。

（二）铁路物理网

铁路运输系统的固定设施主要包括铁路车站、枢纽和线路，其拓扑结构具有网络性质，形成了连通区域及区际的铁路物理网络。铁路物理网是从拓扑结构角度对铁路网的抽象，是铁路网系统的物质基础，是铁路网系统完成任务和发挥功效的必要条件；如果铁路物理网络结构不合理，将使其上的载运工具和客、货流优化受到限制，造成长期的不合理运输。

（三）铁路运输网

铁路运输网是铁路物理节点和节点之间的运输业务构成的集合，是从业务功能角度对铁路网进行抽象。铁路物理网是铁路运输网的承载基础，铁路运输网的结构取决于物理网中节点的规模、数量和空间分布，还取决于载运工具的时空配置。载运工具是运输网组织的基本要素之一，是联系运输网与物理网的媒介。铁路运输网可分为运输径路网络和运输组织网络，运输径路网络是载运工具在铁路物理网中运行的空间轨迹或运输组织在铁路物理网中空间耦合的体现；运输组织网络是由客、货运输在作业流程中，相互衔接和协调的环节间的顺序关系构成的网络。

（四）铁路需求关系网、物理网、运输网间的关系

在铁路网系统中，铁路物理网络是网络结构复杂性的基础，铁路运输网是网络结构复杂性的核心，而运输需求是促进上述两个网络不断演进的内在动力机制。两种网络对应不同的目标，具有不同的网络结构形式，在一定运作模式下，客、货运输在各流程和环节间衔接和协作，实现运输过程中两个层次间的有效协调，以充分发挥铁路网系统的能力，满足客、货

运输需求。

铁路网系统不同层次上的配置方式不同，物理网表现为一定的自然垄断性和社会公共性，可以由政府指定企业运行，而运输网则应引入竞争，充分发挥市场机制作用，以便提高效率，提供价廉物美的运输产品，如图 2-1 所示。

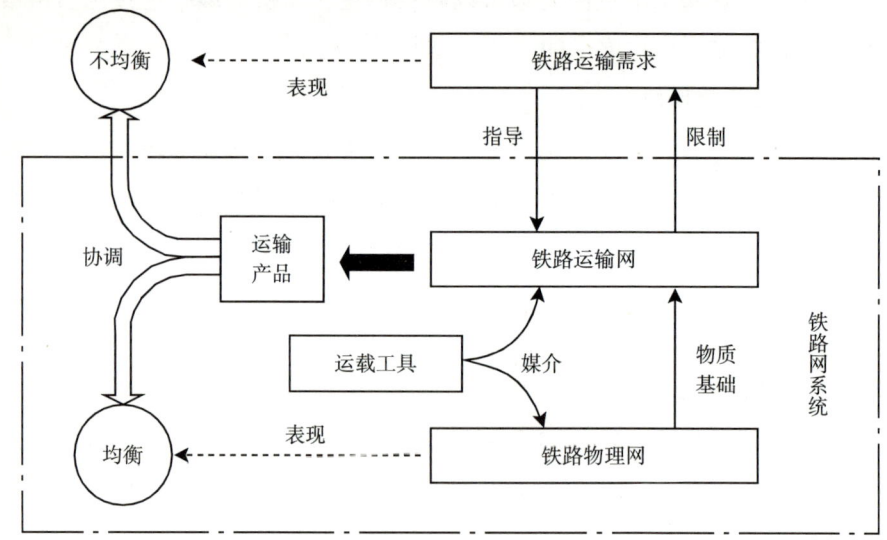

图 2-1　铁路网系统构成

本书以铁路客、货共线网络为研究对象，着重对铁路物理网和铁路运输网进行深入研究分析，对铁路运输需求网未作研究，本书后续研究是在运输需求是已知或已确定的假设基础上进行的。

三、铁路网的系统目标

铁路网系统承担着大跨度的旅客和货物运输任务，其直接产品是旅客和货物的安全位移。其生存和发展的使命是充分利用相关资源，实现安全、高效、快捷的人流和物流，从而在高效满足社会需求的前提下实现自身效益。

铁路网系统的目标主要是安全、快捷、经济、舒适地将旅客和货物运送到目的地，同时节支降耗、降低成本、追求利润的最大化。一方面，在满足客、货运输市场需求的基础上，不断提高自身的装备水平，以提高运输效率和运输能力，来适应国民经济快速发展和国家全面实现小康社会的要求；另一方面，满足国家政治、经济体制改革的需求，服从全国改革发展和稳定的大局，为国家的全面繁荣发展做贡献。

当突发事件发生后，铁路网系统的目标是在外部修复、调度调整策略下，系统能够维持和恢复关键服务，提供持续可靠的生产，完成突发事件发生后突发客、货流的输送任务。

四、铁路网系统的外部环境

环境通常是指存在于系统外的物质的、经济的、信息的和人际的相关因素的总称，这些因素的属性或状态的变化，通过输入使系统发生变化。铁路网系统面临的外部环境比较复杂，既有自然环境，也有社会经济环境，这些环境的变迁对铁路网系统的安全状态影响很大，很多因素直接破坏了设备，并影响了系统中的客、货流量。

自然环境包括季节因素、地形地质因素、气候因素等，具有一定的不可抗拒性，如大风、洪水、大雾、沙尘、暴雪、泥石流、滑坡、地震、岩溶地面塌陷。自然环境中的灾害对铁路运输系统的影响较大，往往会直接导致灾害的发生。如2008年初，南方大部出现罕见的雨雪冰冻灾害，造成铁路牵引供电网络中断，影响列车的运行，大量旅客滞留车站；2008年5月，四川汶川发生地震，造成宝成线、成渝线、成昆线等线路受损，铁路客货运输中断。铁路部门通过修复受损线路及设备，采用迂回运输的方式，尽量保证旅客、紧急货物的运输。除了自然界的地质、气候等引起的自然灾害会对铁路运输产生较大影响之外，社会经济环境因素与铁路安全的相关性也越来越突出。如重大节假日、重要活动等会形成突发的铁路客、货流。

铁路网系统与经济系统的协调是指系统供给及经济发展需求要在量和质两个方面实现协调。与资源、环境系统的协调要求系统的发展不能突破资源、环境承载力的限制，避免造成不可逆转的危害。当外部环境发生变化时，铁路网系统的功能及目标可以通过结构调整，或者改变元素间的配置关系，以适应外部环境的变化。

第二节　铁路网系统的特性分析

铁路网系统作为一个具有复杂层次结构的系统，其特性主要表现在开放性、动态性和他组织性方面。

一、开放性

开放系统被定义为在同环境交换物质的过程中呈现出输入和输出、自身物质成分的组建和破坏的系统。开放系统的外部特征是存在输入和输出，同环境不断进行物质能量交换；开放系统的内部特征是不断破坏自身旧的物质成分，不断组建新的物质成分，可以称为广义的"新陈代谢"。

铁路网系统是开放性的大系统，与经济系统、社会系统、自然环境系统等外向环境有非常密切的相互联系。铁路网系统与外向环境之间如果配合得当、规划科学，是相互促进的；反之，如果二者存在矛盾，或背道而驰，必然会互相牵制，导致发展受限，不能很好地发挥铁路网系统的作用，外向环境也不能得到良好的改善和发展。与社会经济系统的联系表现在两方面：一方面，系统的供给能力能满足社会经济发展的运输需求量；另一方面，提供的服务产品能满足社会经济发展的质量要求。与自然系统的联系表现在两方面：一方面，要求系统的发展不能突破资源、环境承载力的限制，避免造成不可逆转的危害；另一方面，自然环境对铁路网系统造成影响时，铁路网系统能够在一定程度上保持关键服务的运行。

外向环境突然变化时，通过采取不同决策，使铁路网运输系统有能力适应外界环境的突变，并保持相应的服务水平。外界环境变化可能带来运输需求在数量和质量上的较大波动，面对运输需求这种不确定性时，运输系统应该有很好的灵活性。

二、动态性

铁路网系统是一个由众多要素组成的庞大系统，具有随机性及随时间、空间动态变化等特征。其动态性表现在运输需求的动态性、铁路物理网状态的动态性和铁路运输网状态的动态性。

运输需求是影响铁路网系统结构和密度的重要因素。客、货流运输需求的空间分布，即客、货流的发生源地和流向地的分布状况，受经济发展、国家政策和资源的分布状况等的影响，如东部沿海经济发达地区的运输需求会不同于偏远地区的运输需求。运输需求的时间分布指的是客、货流在不同时期或不同时间点呈现出的流量分布状况。如对于旅客运输来说，在春运、暑运、节假日会出现明显的高峰客流。

在铁路网系统中，铁路运输是按计划有序进行的，所有列车都按固定的时刻表运行。但路网上列车的运行不可避免地受到各种因素的干扰，如自然天气、设备故障等突发事件，使铁路物理网的状态发生变化，从而打乱原来运输秩序，影响铁路运输任务的完成。根据系统受影响的状况，考虑相关区段的通行能力，及时变更径路和列车运行计划，在时间上通过对运载工具（机车、货车、客车）的调度，增设临时班次、启用备用车等；在空间上通过对固定设备（场站、线路）的临时调整，在线路允许速度内加速放行列车，或通过组织列车进行快速、平行作业，缩短列车在站作业时间等措施，尽可能减少突发事件对铁路网系统的影响，这是整个铁路网系统在时间空间上的抗干扰能力的体现。突发事件下，铁路物理网的动态性表现为铁路设施设备故障、损坏和线路、车站的失效；突发事件下铁路运输网的动态性表现为当外部环境发生变化时，如客流剧增，运输计划根据需求做相应的改变，铁路网系统能够在外部管理组织下，通过调整运输计划来协调运输需求和铁路物理网状态的变化，共同完成相应的任务。

三、他组织性

一般来说，组织是指系统内的有序结构或这种有序结构的形成过程。如果一个系统靠外部指令而形成组织，就是他组织；如果不存在外部指令，系统按照相互默契的某种规则，各尽其责又协调地、自动地形成有序结构，就是自组织。

铁路运输系统是一个由各个环节组成的有机整体。其运输工作是在运输计划的指导下进行的，是有序指令下的他组织过程。如货物运输中的装、运、卸的工作组织过程和编组站的到、解、编、发作业过程等，都具有较强的有序连续性。任何一个环节受阻，下一个环节就无法进行并影响全局，从而导致整体工作效率下降，需要在管理部门的协调下调整运输计划，减少其造成的损失。

第三节 铁路网系统的复杂性

系统复杂性科学研究是当前国内外关注的，以多学科交叉与整合为特点的前沿科学，得到了各国系统科学家的普遍重视。铁路运输系统是一个由众多要素组成的庞大系统，具有开放性、非线性、随机性及随时间动态变化等基本特征，这表现了铁路网系统的自然属性。再者，铁路运输直接影响国民经济，作用和反作用于市场需求，牵涉到国家安全和稳定等，这是铁路网系统表现的社会属性。鉴于铁路网系统具有自然性和社会性双重属性，其复杂性表现为系统目标复杂、系统结构复杂、系统动力学复杂。

一、系统目标复杂

一方面，作为具有自然属性的运输系统，其目标主要是安全、快捷、经济、舒适地将旅客运送到目的地，同时节支降耗、降低成本、追求利润的最大化；另一方面，作为具有社会属性的运输系统，承担着政府、社会和企业三个方面的职能，其公益性和市场性长期未能确定，从不同的角度出发，需要满足不同的要求。因此，这导致铁路网运输系统目标的多样性和复杂性。这些目标和需求之间存在着非常复杂的甚至矛盾的关系，很难同时满足这些复杂的、矛盾的需求，以达到全局最优。

二、系统结构复杂

铁路网系统由多个层次组成，如铁路需求网、铁路物理网和铁路运输网。每个层次又构成了一个子系统，每个子系统中依据节点重要性的不同，又由多个层次组成，并且存在着多种形式和多种层次的交互作用，其节点数目较大，子系统数目多，涉及范围广，且相互联系紧密，导致网络结构复杂。

三、系统动力学复杂

铁路网系统中节点集随着时间变化，其状态也在不断变化，是具有非线性的动力学系统，且铁路网系统是多层次网络系统，各个层次抽象的网络结构也不尽相同，而不同的拓扑结构对其动力学行为也会产生不同影响。再者，铁路网络中晚点传播既具有复杂网络中动态传播的特点，又掺杂了人为调整的作用，既带有物理学中的自然流动，又夹杂了人为控制因素，这使其动力学行为在某种程度上被人为改变，因此铁路网系统具有复杂的系统动力学特征。

第三章 基于复杂网络的铁路网复杂特性实证分析

根据铁路网系统的复杂构成,本部分从不同角度构建了铁路网的复杂网络模型,基于中国铁路网实际数据,运用统计方法实证分析了铁路网的网络统计特征。重点分析了铁路物理网、铁路运输径路网和旅客运输换乘网统计参量的实际物理意义,为后续研究奠定基础。

第一节 复杂网络

现实生活中的许多复杂问题都可以看作是一个复杂的巨系统,20世纪以后,许多科学家都在探索能够描述复杂系统的方法与理论。复杂网络作为一种有效的描述工具,被给予厚望。复杂网络是一门新兴的交叉学科,涉及物理学、数学、计算机科学、社会学等诸多学科。虽然对于复杂网络的研究不过短短50年,但科学家们已利用复杂网络的理论在多个学科领域取得了突破性的进展。

一、复杂网络概述

复杂系统广泛存在于自然界和人类社会中,它们大部分可以通过各种各样的复杂网络描述，复杂网络已经成为研究复杂系统的最为重要、最富挑战性的课题之一。复杂网络（Complex Network）是具有自组织、自相似、吸引子、小世界、无标度中部分或全部性质的网络。国内外学者对复杂网络研究的广泛关注，从而诞生了网络科学。探索网络科学及其应用已经成为当前国内外的前沿研究课题之一，具有广泛的应用前景。

复杂网络研究的兴起使得人们开始广泛关注网络结构复杂性及其与网络行为之间的相互关系。数学上称为图（Graph），是一种描述网络的统一的工具，能够被用来研究各种不同的复杂网络在结构上的共性。

区分复杂网络和一般网络最主要、最重要的两个特性是著名的小世界效应及无标度度分布。人们通过统计网络的度分布、聚类系数、网络直径、平均最短距离等统计特性分析网络的结构特性，并进一步研究网络上的动力学特征。

一般地，具有不同拓扑结构的网络可以分为规则网络、随机网络、小世界网络和无标度网络。规则网络指我们常见的具有规则拓扑结构的网络，完全连接图、星状网络、邻近节点连接图等。关于规则网络研究，已经建立了比较完善的理论框架。随机网络是由一些节点通过随机布置连接而形成的复杂网络，如美国高速公路网。小世界网络是一类特殊的复杂网络，它具有大的聚类系数和小的平均最短距离，如城市街道网络等。无标度网络是节点与节点之间的连接分布遵循幂次定律的复杂网络，如城市公交网络等。

二、复杂网络常见模型

目前对复杂网络模型研究比较多的有四种，即小世界网络（Small-world Networks）、无标度网络（Scale-free Networks）、权重网络和空间网络。

（一）小世界网络

Pool 和 Kochen 以及 Milgram 最先强调网络的小世界效应，小世界是指尽管网络本身很大，但在大多数网络中任意两个节点之间存在相对短的路径。研究者把大的簇系数和小的平均距离两个统计特征合在一起称为小世界效应，具有这种效应的网络就是小世界网络。在小世界网络中，构成网络的各节点之间的连接既不是绝对规则的，也不是完全随机的，而是介于两者之间，其主要规律是：任意一个节点通常与其相邻的最近的两个节点相连接，同时具有大的簇系数和小的平均距离。

（二）无标度网络

1999 年，Barabási 等在对万维网拓扑结构进行研究时发现网络的节点度分布具有幂律函数（Power-law）形式，即任何节点恰好与其他 k 个节点相连的概率正比于 R^{-r}，具有这种特性的网络属于无标度网络。

（三）权重网络

近年，许多的实证数据表明用单纯网络拓扑结构描述真实网络是远远不够的，它们会丢失边上的一些重要信息。权重网络模型的引入是为了解决此问题。可以用权重数量关系刻画节点之间的关系。它认为网络节点或边的作用不是等同的。

（四）空间网络

空间网络是人类赖以生存的物质基础，与人们的生活息息相关。空间网络的存在形式是多样的，它可以是自然形成的，如水网等；也可以是人们改造自然界的结果，如交通网，电力网和各种管道网。现代社会在很大程度上就是运输网络、通信网络、资源分配网络等构成的复杂系统，可以说，地理空间网络是社会赖以存在的地理空间的骨架和脉络。

第二节 中国铁路网数据

一、概述

铁路网可以抽象为由车站、线路或业务构成的网络，网络的结构和几何性质对铁路网的规划及管理具有重要的影响。新近兴起的复杂网络理论为铁路网的复杂性研究提供一种全新的分析视角。本节从基础设施、停靠站点及旅客换乘特点三个方面抽象，构建了铁路物理网、铁路运输径路网和铁路旅客换乘网，运用实证的方法统计分析铁路网络的节点度分布、平均最短距离、聚集系数和介数等网络特征参量，得出各抽象网络的拓扑结构特性。进而标定了铁路网的重要节点度，并以此为基础，研究在不同攻击情况下铁路旅客换乘网特征参量的变化。

二、数据准备

从如下地方及资料获得所需的数据：

（1）轨道交通控制与安全国家重点实验室地理信息系统，从系统中导出铁路物理网的基本数据。

（2）《铁路局管辖范围图》、《中国铁路营业线示意图》（2006）和《全国铁路客运线路示意图》（2007），根据以上图例，对铁路物理网的数据进行校对。

（3）极品时刻表网站，可以查询列车时刻等基本信息，编制数据抓取程序，抓取时刻表数据。

（4）中国铁道出版社出版的《列车时刻表》（2007），对时刻表的数据进行校对。

第三章　基于复杂网络的铁路网复杂特性实证分析

原始数据不可能直接用于实验分析，需要对数据进行处理，本书采用的数据处理规则如下：

（1）研究铁路物理网的拓扑特性，选取铁路网中线路的起始站点、终止点以及线路相交的站点。

（2）在根据时刻表数据构建铁路运输网时，对于上下行停站不同的情况，采用以上行列车为主。

第三节　铁路网模型构建

铁路网网络模型可以从不同的方面构建：在基础设施方面，车站站点代表节点，连接两个站点间的线路代表边，构建铁路物理网，根据研究问题特点，选取节点和边的客、货运站类型、车站的等级、是否为电气化、单双线等属性；在站点关系方面，车站站点代表节点，列车的径路为边，构建铁路运输径路网，铁路运输径路网的结构及特性直接影响旅客的出行效率和货物的换装效率；在旅客换乘特点方面，构建的是列车径路上车站的全联通网络，称为铁路旅客换乘网，反映的是列车与站点之间的联系，能够表征站点之间的车流关系，可以研究列车间的旅客换乘问题；在列车关系方面，列车代表节点，列车之间的时间或空间关系为边构建网络，反映了列车之间的影响和限制关系，它的研究对于运行图的评估及优化有指导和借鉴作用。本章重点研究了铁路物理网、铁路旅客运输径路网和铁路旅客换乘网，其网络的构建方法如下：

一、铁路物理网络

以铁路站点为节点，连接各站点之间的铁路线为边构成的网络称为铁路物理网。铁轨是可以双向行车的，因此铁路物理网的边不考虑方向，是一个无向网络，其可由一个无向图 $G^p = (V^p, E^p)$ 表示。式中，V^p 是铁路站点集合，E^p 是铁路线的集合。铁路物理网具有空间地理特性，是铁路客、货业务的支撑基础。

从地理信息系统中提取铁路线路的起始点、终止点和线路的交叉点及它们之间的连接关系，构成铁路物理网，共有 640 个站点，823 条边。

二、铁路旅客运输径路网

以客运列车经过的所有站点为节点，同一趟列车径路上的相邻节点之间都存在连线，这样构成的网络叫做铁路旅客运输径路网络。铁路旅客运输径路网是一个业务逻辑网，其可由一个有向图 $G^y = (V^y, E^y)$ 表示。式中，V^y 是所有列车经过的站点集合，E^y 是同一趟列车径路上相邻节点之间连线的集合。

在中国客运网中，时刻表上的列车基本都是对开列车，可以将其视为无向图。从铁路时刻表中提取站点及连接关系，构成铁路旅客运输径路网，共有 3171 个站点，4882 条边。

三、铁路旅客换乘网

以客运列车经过的所有站点为节点，同一趟列车路径上的节点之间都存在连线，这样构成的网络叫做铁路旅客换乘网络。铁路旅客换乘网是铁路运输网中的一种，从旅客在列车间的换乘关系进行抽象。铁路旅客换乘网中的边代表了节点之间的业务关系，将其用 $G^c = (N^c, A^c)$ 表示。式中，N^c 是所有列车经过的站点集合，A^c 是同一趟列车径路上节点之间连线的集合。从列车时刻表中提取站点及其连接关系，构成铁路旅客换乘网。在旅程中，旅客更关心省时、经济、尽可能少转车的到达目的地，通过构建铁路旅客换乘网可以研究旅客的换乘问题。

从列车时刻表中提取站点及其连接关系，构成铁路旅客换乘网，共有 3171 个节点，89329 条边。

第四节 实证分析

网络的统计性质称为网络静态几何量,指的是网络的微观量的统计分布或者宏观统计平均值,主要包括度分布、累计度分布、平均最短距离、聚集系数、介数等统计量。在复杂网络中,节点是系统的元素,边代表节点间的相互作用,利用统计物理学分析网络结构。

一、度分布及累计度分布

度分布 p(k) 可以用来表征网络最基本的拓扑特性。作为对网络进行分类的首要依据,它表示在网络中任意选出一个点,其度值为 k 的概率,也等于网络中度数为 k 的节点的个数占网络节点总个数的比值。累积度分布可以由下式表示:

$$P_k(k<K) = \sum_{k<K} p(k) \tag{3-1}$$

式(3-1)表示的是度数小于 K 的概率,其中,k 和 K 代表节点的度数。铁路网的度分布及累计度分布如图 3-1 至图 3-3 所示。

可以看出:铁路物理网大部分节点的度值为 3,遭受突发事件,很容易造成不连通,网络效率降低很快;铁路运输径路网的平均度为 3.1,度值为 2 的节点占总数的 66%,度数最大的车站是北京站、北京西、哈尔滨东、郑州、汉口等,这些车站办理的业务方向数比较多;旅客换乘网的度值大部分分布在 10~50,占总数的 64%,度数最大的几个站点为北京西、郑州、西安、南京、广州等,这些车站是重要的换乘节点,相应的在这些节点的客流量也非常大。

铁路网抗毁性分析

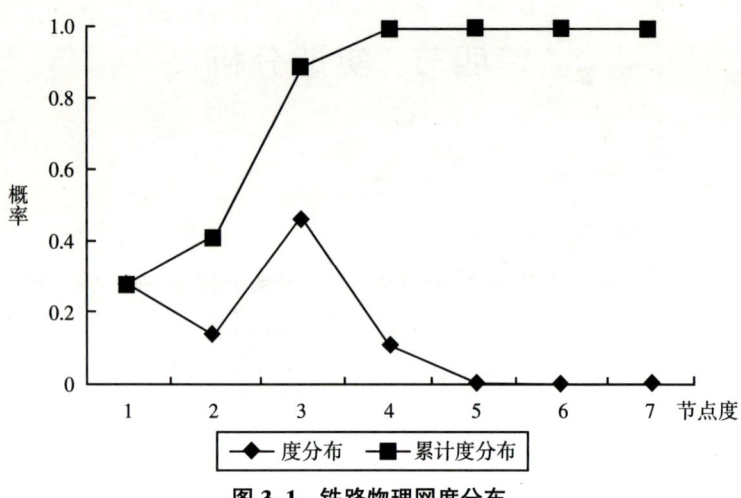

图 3-1 铁路物理网度分布

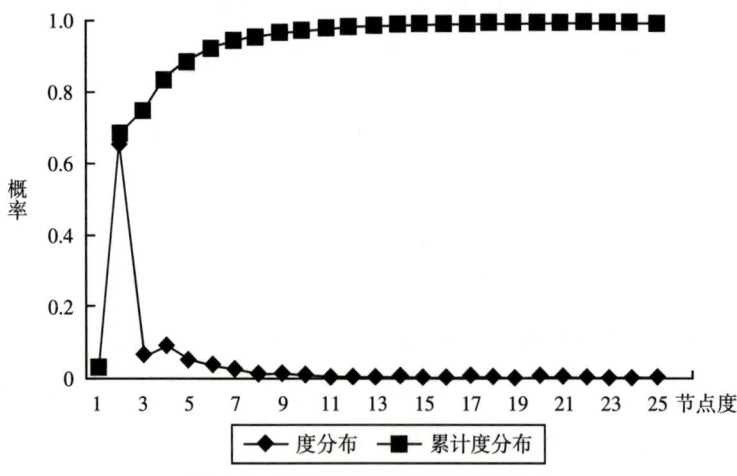

图 3-2 铁路旅客运输径路网度分布

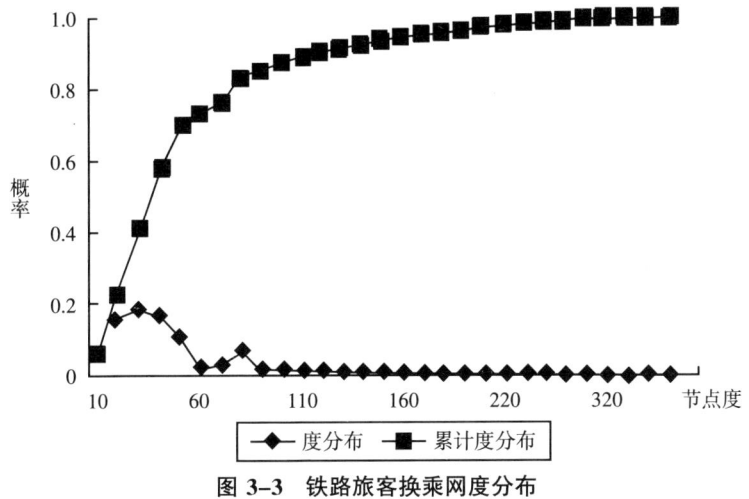

图 3-3 铁路旅客换乘网度分布

二、平均最短距离

网络的平均最短距离是所有节点对之间最短距离的平均值,它描述了网络中节点间的分离程度。定义网络的平均最短距离 l 为

$$l = \frac{2}{n(n-1)} \sum_{i \geq j}^{N} d_{ij} \quad (3-2)$$

式中,d_{ij} 是从节点 i 到节点 j 的最短距离。此平均数中包含了从每个节点到其自身的距离为零。铁路运输径路网的最短路段数为 12.49,表明铁路网上旅客平均经过 12.49 个车站到达目的地。铁路旅客换乘网的最短路段数为 2.15,表明铁路网上旅客平均换乘 2.15 次到达目的地点,具有小世界的特性。

三、聚集系数（Clustering Coefficient）

聚集系数 C 用来描述网络中节点的聚集情况,即网络有多紧密。其计算方法为:假设节点 i 通过 k_i 条边与其他 k_i 个节点相连接,如果这 k_i 个节点都相互连接,它们之间应该存在 $k_i(k_i-1)/2$ 条边,如果这 k_i 个节点之间实际存在的边数只有 E_i 的话,则它与 $k_i(k_i-1)/2$ 之比就是节点 i 的聚集系

铁路网抗毁性分析

数。铁路网的聚集系数分布如图 3-4 至图 3-5 所示。

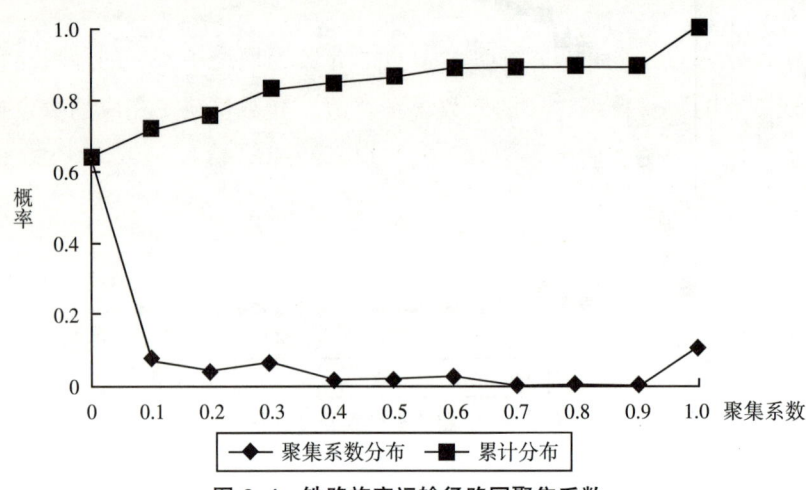

图 3-4　铁路旅客运输径路网聚集系数

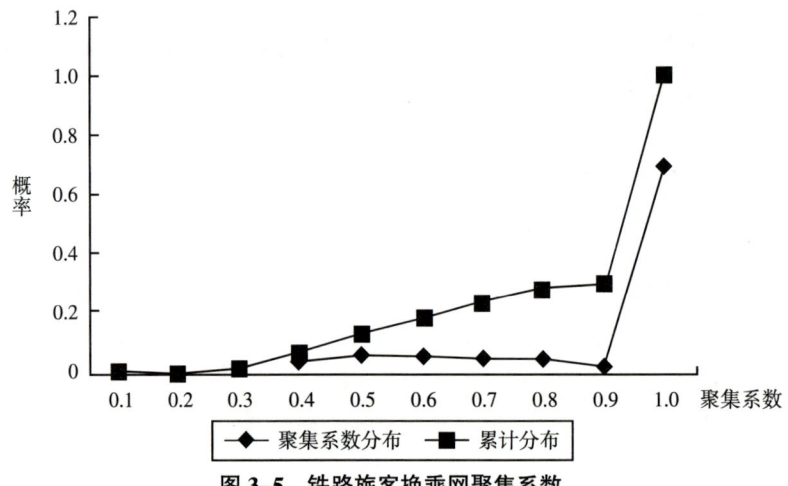

图 3-5　铁路旅客换乘网聚集系数

铁路物理网的平均聚集系数很小，大部分站点的聚集系数为 0，可以看出网络的局部连通性较低，局部发生突发事件时，将会导致列车迂回运行；铁路换乘网 2/3 以上的节点的聚集系数为 1，验证了铁路旅客换乘网的无标度性质，其具有较大的承载量。

四、介数（Betweenness）

介数分为边介数和节点介数。节点的介数为网络中所有的最短路径中经过该节点的数量比例，边的介数含义类似。介数反映了相应的节点或者边在整个网络中的作用和影响力，具有很强的现实意义。点 i 的介数 B_i 可由下式进行计算：

$$B_i = \sum_{j,k \in N, j \neq k} \frac{n_{jk}(i)}{n_{jk}} \tag{3-3}$$

式中，n_{jk} 是连接点 j 和 k 的最短路径的数量；而 $n_{jk}(i)$ 是连接点 j 和 k 且经过点 i 最短路的数量。图 3-6 至图 3-7 分别是铁路网的站点介数分布。

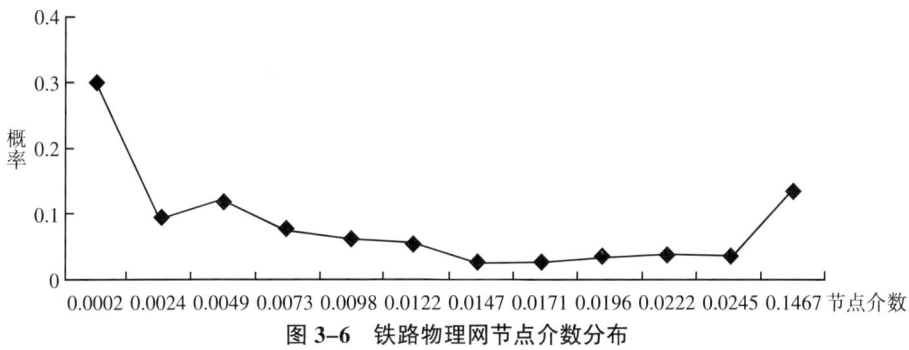

图 3-6　铁路物理网节点介数分布

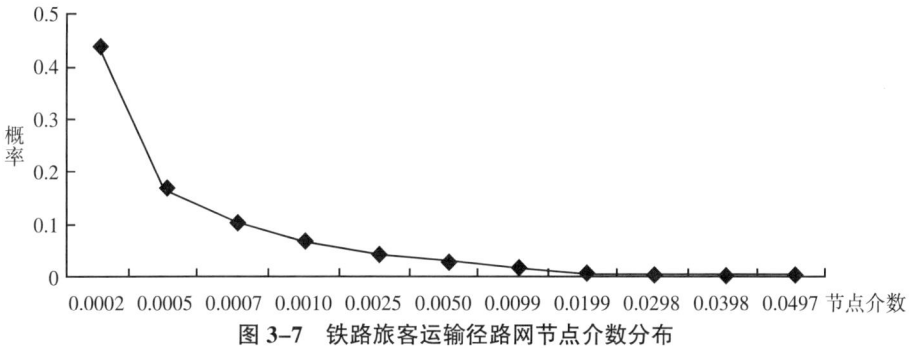

图 3-7　铁路旅客运输径路网节点介数分布

中国铁路物理网和铁路运输径路网大部分节点的介数非常小，极个别节点的介数非常大，证明其在网络中的地位非常重要。中国铁路旅客换乘网的节点介数小于 10 的站点数为 2935 个，占总数的 92%，分布比较均匀，对于旅客换乘系统来说，在不考虑流量的情况下，介数均匀是比较合理的结构。

介数反映网络中节点在整个网络中的作用和影响力，介数越大，节点在网络中的作用越重要。节点重要度是反映路网中节点的功能、地位大小的指标。重要度较高的节点在路网中承担着大跨度的经济联系和相互交往的运输工作。现有重要度分析的方法主要是聚类方法、度值、网路收缩及因素分析等。本书将铁路网节点重要度定义如下：

$$I_i = \frac{B_i}{B_{max}} \tag{3-4}$$

式中，I_i 为节点的重要度；B_i 为节点 i 的介数；B_{max} 为网络中的最大介数，此定义可以推广到边的重要度。通过对中国铁路旅客换乘网的数据分析，其重要度最大几个节点分别为北京西、北京、成都、南京、西安、郑州、太原。

五、度—度相关性

度—度相关性反映了节点与邻接节点之间的关系，由它的邻接节点之间的度平均值与它的度值的函数关系度量

$$k_i \sim \frac{1}{k_i} \sum_{\forall j \in U_i} k_j \tag{3-5}$$

式中，k_i 是站点 i 的度数；U_i 是站点 i 的邻接节点集；k_j 是邻接节点 j 的度数。中国铁路网的度—度关系如图 3-8 至图 3-9 所示。

可以看出，对于铁路运输径路网和铁路旅客换乘网，低度数的节点大部分与低度数的节点相连接，少部分与高度数节点相连接，当铁路运输径路网站点度数大于 10 和铁路换乘网站点度数大于 200 时，站点邻近节点的平均度值基本为一个常数。

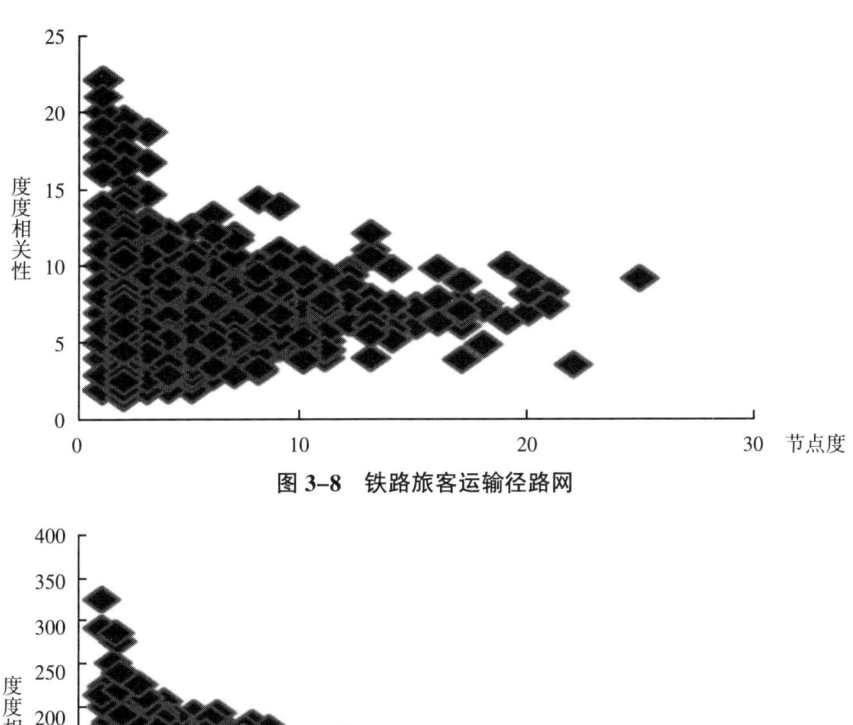

图 3-8 铁路旅客运输径路网

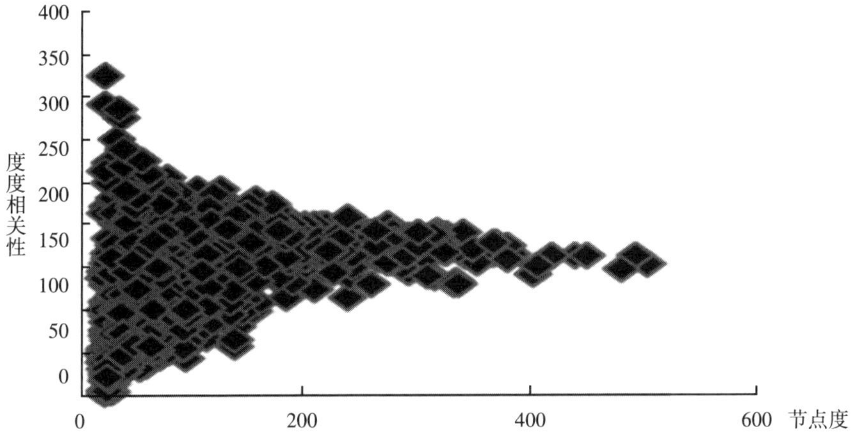

图 3-9 铁路旅客换乘网

六、度—介数相关性

在中国铁路换乘网中，大部分节点的度数与介数是正相关的，即度数越大，介数越大，如北京西、南京、西安等，也有一些节点，度数很小，但是介数很大，如上海南、长春等。

七、铁路网网络弹性分析

网络弹性是分析在随机和蓄意攻击下，网络的特性变化情况。所谓随

铁路网抗毁性分析

机的攻击就是网络节点（边）以某种概率被随机破坏，考察的是网络的容错性；所谓的蓄意攻击就是节点或边按一定的策略被破坏，考察的是网络的抗攻击能力。有很多关于网络结构有效性的测度，如平均最短路径，网络直径和聚集系数，但是这些测度都有一些限制，如平均最短路径，网络直径对于局部不连通网络的结构有效性无法评估。本书用网络效率研究在网络节点受攻击下，网络的结构有效性的变化，其适用于局部不连通网络，当两个节点不连通时，其两节点之间的最短路径变为无穷大，但是节点之间的有效性变为 0。网络结构有效性定义为：

$$E = \frac{2}{N(N-1)} \sum_{i \geq j}^{N} \frac{1}{d_{ij}} \tag{3-6}$$

式中，N 为网络中节点的数目，d_{ij} 为节点 i 和 j 之间的最短路段数。当 E 值很大时，表明网络有很好的连通性和很高的效率。中国铁路旅客换乘网在随机和蓄意攻击下，网络效率的变化如图 3-10 所示。

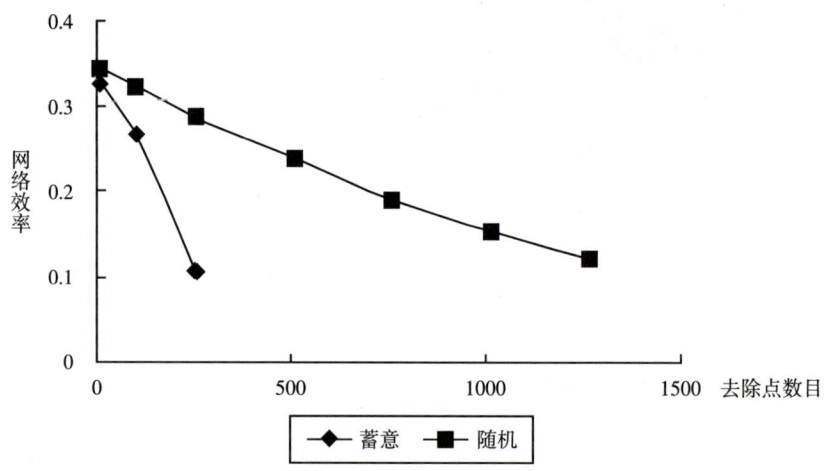

图 3-10　随机和蓄意攻击下网络效率

由图 3-10 可知，在随机攻击时，中国铁路旅客换乘网的效率与去除节点数的关系曲线变化平缓。当铁路节点或线路出现突发事件，如泥石流事故等，不影响整个铁路网，其网络性能变化不大；对于大范围的突发事件时，整个铁路网的功能将减低很多，这类事件如大范围的地质灾害以及铁路大范围停电事故等。但对于蓄意攻击时，中国铁路网效率受到的影响较大。此结论表明，由于受到高聚类系数的影响，随机移除站点对网络局部有效性变化的影响要比蓄意移除站点时小得多。

在实际的铁路网中，当节点失效时，经过该节点的列车可以采用迂回的方式。本书假定一个节点失效后，取消通过该节点的所有列车，通过实验分析，当蓄意使得重要度大的节点失效时，将会引起铁路运输径路网和铁路旅客换乘网的结构有较大的变化。

第五节　本章小结

本章构建了铁路网网络模型，并实证分析了铁路网的复杂特性：对于铁路物理网，大部分节点度很低，聚集系数为 0，突发事件发生后容易造成不连通；对于铁路运输径路网，部分节点的介数非常高，网络中存在关键节点；对于铁路换乘网，平均最短路径很低而聚集系数非常高，是具有无标度特性的小世界网络，其容错性很好，但抗攻击能力不高。

第四章 铁路网抗毁性

铁路网抗毁性表征铁路网对于突发事件的适应性和恢复性,研究铁路网抗毁性,可以为解决铁路突发事件的应急处置和控制问题提供理论指导。本章首先阐述铁路网抗毁性的定义,将铁路网抗毁性概括为突发事件、适应性和恢复性三方面,并分析铁路网抗毁性的影响因素。在此基础上,提出铁路网抗毁性的模型,其描述了从突发事件发生时起,到通过采取修复、调度调整等措施使铁路网系统恢复到稳定状态时止的整个过程。最后,提出铁路网抗毁性分析的框架。

第一节 铁路网抗毁性的提出依据

许多客观存在的事例可以说明,铁路网系统需要一个新的特性描述。例如,2008年初,中国南方大部分地区和西北地区东部出现了新中国成立以来罕见的持续低温雨雪冰冻的极端天气,灾害发生后,铁路部门通过迂回的方式组织运输,缓解了灾害对铁路运输系统功能的影响,但如何准确度量突发事件对铁路网的影响程度,以及在调度调整策略下系统维持关键运输服务的能力是需要解决的关键问题。

铁路系统采取按图行车,在生产过程中各环节按计划有序衔接和协调。当出现突发事件时，系统的一个或几个子系统失效，铁路部门通过采取修复、调度调整等措施，能促使铁路网系统恢复到正常状态（指车站和线路功能恢复，采用突发事件发生前的列车运行图时的状态），降低系统发生崩溃的可能性。此过程反映了铁路网系统应对突发事件的适应性和恢复性，是铁路网抗毁性的研究范围。由于子系统之间的联系是呈非线性的，部分失效子系统的恢复，特别是对于关键子系统，会使得系统性能有很大的提升，所以铁路网抗毁性的变化趋势表现出非线性的特点。

抗毁性作为铁路网的特性与其他已被发现的基本特性之间是相互联系的，把抗毁性同它们一起进行研究，可以将对铁路网的研究拓展到一个新的方面。所以，对铁路网抗毁性的研究迫在眉睫，需要引起广大学者密切关注。

第二节 铁路网抗毁性的概念

网络抗毁性（Survivability）的定义目前还没有形成统一的表述。在复杂网络方面，网络抗毁性是指在网络中的节点（边）发生自然失效或遭受故意攻击的条件下，网络维持其功能的能力。从软件工程的角度给出抗毁性的定义为：当系统的一部分遭受攻击并已经瘫痪时，关键服务仍然能够使用的程度。在计算机网络的研究中，给出的定义为：当网络中出现确定性或随机性故障时（如链路或节点故障），网络维持或恢复其性能到一个可接受程度的能力。在通信网研究中，给出的定义为：当网络中部分组成要素或局部子网遭受人为或自然的软压制、硬摧毁时，网络维持及恢复其性能、效能到一个可接受程度的能力。在军事领域，抗毁性通常指系统在受到敌方物理破坏或火力攻击环境下，在规定的时间内，完成规定功能的能力。该定义强调了敌方的主动攻击性，即网络节点（边）发生故障的原因来源于外部蓄意攻击。由此可见，尽管研究领域不同，网络抗毁性强调的都是遭受到入侵、系统的关键部分遭到损害或被摧毁时，系统的适应性、恢复性以及关键服务的完成情况，关注的是潜在毁坏事件的影响过程。

铁路网抗毁性是指发生内部或外部突发事件，引起设施或服务失效后，铁路网维持或恢复其性能到一个可接受程度的能力。铁路网系统包括铁路物理网和铁路运输网，不仅需要考虑铁路物理网的抗毁性，而且还要考虑铁路运输网的抗毁性。铁路物理网的抗毁性考查的是发生突发事件后，铁路设施间的互联互通，即物理网上的节点和边是否具有连通性；铁路运输网抗毁性考查的是发生突发事件后，铁路业务受底层的支撑网络（物理网络）的影响程度，大部分服务及关键服务能否正常进行，即运输网（逻辑网）上的节点和边是否连通。

铁路网抗毁性具体可概括为突发事件、适应性和恢复性三个方面的内容。突发事件是铁路网抗毁的诱因，突发事件的大小和强度等因素影响着铁路网的抗毁性能；适应性描述的是发生突发事件后，通过重新配置可用资源，维持系统的功能；恢复性描述的是铁路网性能恢复到突发事件发生时的水平，发生突发事件后，通过修复铁路物理网络和重构铁路运输网，能够恢复铁路网系统的功能。

一、突发事件

突发事件是指在某种必然因素支配下出人意料地发生，给社会造成严重危害、损失或影响且需要立即处理的负面事件。突发事件最显著的特征是突发性、危害的严重性和处置的紧迫性。突发性是指对于突发事件是否发生，于什么时间、什么地点、以什么样的方式爆发，以及爆发的程度等情况，人们都始料未及，难以准确把握。危害的严重性是指当突发事件发生时，会造成不同程度的损失，并且其往往具有连带效应，可能引发次生或衍生事件，导致更大的损失。所以如果突发事件因处置不当而失去控制，就会形成危机。处置的紧迫性是指突发事件所反映的问题极端重要，

铁路网抗毁性分析

关系社会、组织或个人的安危，需紧急采取特别措施及时有效处理，随着突发事件的发展、演变，它所造成的损失可能越来越大。

铁路网是一个在时间、空间上分布很广的开放、动态系统，影响其安全状态的因素错综复杂，涉及面很广。在铁路网系统中，突发事件界定为在某种必然因素支配下发生，能影响铁路网系统完成运输任务、向客户提供满意运输服务的所有事件，其可以分为外部攻击、自然灾害和恶劣天气、设施设备故障和客、货流大幅波动等。

（一）外部攻击

外部攻击是指铁路网受到恐怖袭击或者在战时遭到敌方的破坏，属于外部影响因素。攻击者一般对网络的特点非常了解，具有很强的目的性，网络中的重要节点和边是它们攻击的重要对象。一旦重要节点和边遭受攻击，网络的连通性急剧下降。

（二）自然灾害和恶劣天气

近年来全球大规模自然灾害频繁发生，如 2008 年，中国南方大部分地区和西北地区东部出现了新中国成立以来罕见的持续雨雪和冰冻的极端天气，以及四川汶川县发生地震，自然灾害和恶劣天气能够致使网络发生瘫痪，给社会经济带来巨大的影响，破坏人们的生产和生活秩序。

暴风雨、雪灾等恶劣天气或自然灾害属于外部影响因素，对铁路网的损坏是随机出现的，但一般破坏的面积较大，各局部的网络可能会不同程度地遭受损坏。

（三）设施设备故障

铁路网系统故障包括车站、线路等设施的故障和道岔、信号、载运工具的故障等，它们的可靠性能不相同，在硬件或软件方面可能出现故障，影响到设备或设施发挥作用，属于内部影响因素。铁路系统中的元素发生故障符合标准的概率分布。网络发生故障影响较小，一般可以即时修复。

（四）客、货流大幅波动

铁路网的客、货流量随季节的变化而变化，如对于季节性比较强的货物，当此季节到来时，地区的货物流量将明显增大。再者，铁路网的客、货流量也与重大节日、重大事件有关，如当遇到重大节日时客流会明显增大；某个地方发生灾害，需要调集很多救灾物资，同时客流也会有所变化，当铁路网的客、货流量急剧增加时，超过网络的承载能力，部分需求就不能被满足，网络的性能下降。

二、适应性

适应性是指发生突发事件后，系统隔离异常部分，重新配置资源，维持关键服务的能力。外界环境变化可能会带来运输需求在数量上的较大波动，但运输系统应该保持相应的服务水平。

铁路网的适应性主要包括铁路网拓扑结构的适应性、车站和线路储备能力的适应性、载运工具的可替代性及其数目的适应性等。

（一）铁路网拓扑结构的适应性

由第一章的分析可知，铁路网具有层次性，包括铁路物理网、铁路运输网。铁路物理网的节点度很低，大部分节点的度数小于3，网络的连通性不是很好，当出现突发事件而使物理网受损时，容易造成物理网不连通。为了提高网络结构的适应性，应该增大铁路物理网络的连通度。

物理网是铁路运输网的承载基础，当物理网发生故障时会影响到铁路运输网。同一OD间的列车采用同一路由径路，如果此径路所包含的某个或某些路段在突发事件的影响下受损，将会导致此OD点间的业务都中断，在运输网络上表现为节点间没有弧相连接，网络的功能也会受损。因此，对于铁路运输网来说，可以通过给同一OD间的运输分配多条路由径路，增加网络结构的适应性。铁路旅客换乘网是铁路运输网的一种，是从旅客换乘角度进行抽象，是具有小世界特性的无标度网络，对于随机攻击事件具有很好的容错性；但对于具有针对性的攻击，其抗干扰能力不强。

（二）车站和线路储备能力的适应性

储备能力是指在给定运量的基础上，充分考虑到突发事件的影响因素后，系统所持有的完成所给定的运输任务所必须的最小使用能力以外的附加能力。车站储备能力和线路储备能力的大小影响着铁路网系统的适应能力,当物理网络的节点或线路受损,经过此节点或线路的业务不能正常开展,为了维持网络的功能,将会采取迂回运输的方式,优先选择有能力富裕的次短路运输,利用次短路上的车站和线路的储备能力维持节点间的运输任务的完成。因此,可以认为车站或线路的储备能力越大,网络的适应能力增大;反之,则适应能力越小。

车站和线路的储备能力,直接影响突发事件下满足特殊需求的能力,进而影响铁路网系统的抗毁性。加大对基础设施的投资,能够增加系统中车站和线路的储备能力,使铁路网系统受突发事件影响并造成其损失的概率减少。随着其概率的减少,网络的扰动恢复成本(即事件造成的后果)降低。铁路网充足的储备能力及其的合理管理控制可以使铁路在发生大客、货流时仍然稳定运行,满足突发大客、货流的运输需求。

(三) 载运工具的可替代性及其数目的适应性

载运工具的可替换性及其数目也是影响适应性的方面。铁路线路分为电气化线路和非电气化线路,电气化线路上可以运行电力机车和内燃机车,则电力机车和内燃机车具有可替代性;但在非电气化线路上只能运行内燃机车,电力机车和内燃机车不具有可替代性。在电气化线路上发生电力方面的故障时,电力机车不能正常运行,网络功能受到影响,服务水平下降。如在区域内配备的内燃机车能够替代并担当电力机车完成相应的任务,在一定程度上抵御突发事件对铁路网功能造成的影响。在此情况下,可恢复的业务的数量与配备的内燃机车数量有关,内燃机车数量越大,恢复的业务数量越大,铁路网的适应性越大。对于客、货流激增的情况也有相同的效果,储备的内燃机车可以完成一定的运输量,弥补运输能力的不足,可以使铁路网的适应性增大。

三、恢复性

恢复性是指系统在遭受攻击后,修复受损设施设备,并恢复所有服务的能力。突发事件发生后,铁路部门采用相应的应急技术措施,恢复铁路运输过程到正常的状态,其中包括铁路物理网修复和铁路客、货流疏解。

铁路物理网修复和客、货流疏解策略实施的好坏，直接影响到突发事件下铁路网最优性能的发挥，进而影响到铁路网抗毁性。

（一）铁路物理网修复

铁路物理网中的节点或边发生故障、失效，考虑节点对之间流量的大小和网络中故障节点或边在路网中的重要性，优先修复网络的关键节点。关键节点的疏通对于提高突发事件下的网络性能具有决定性的作用。

（二）铁路客、货流疏解

铁路客、货流疏解是对铁路运输业务进行调整，通常采用迂回方式，绕开故障的节点或边，以提高车辆的利用率和需求的最大满足程度为目标，将货物或旅客输送到目的节点。对受影响严重的列车，要停运；对客、货流激增的去向，可以组织加开列车。

第三节 铁路网抗毁性与相关理论关系

目前，国内对抗毁性、可靠性、脆弱性和鲁棒性的定义很不统一，有的文献认为可靠性包括抗毁性，有的文献认为生存能力就是抗毁性，本书所定义的抗毁性对应于英文的 Survivability 和 Invulnerability。抗毁性与可靠性、脆弱性之间的关系界定如下：

一、抗毁性与可靠性的关系

有文献将网络抗毁性与可靠性相混淆，如罗鹏程（2000）认为网络抗毁性描述了通信网络在人为破坏作用下的网络可靠性。张俊良（2006）以通信网络为研究对象，认为网络的可靠性和抗毁性在理论上可以采取相同的分析方法，它们都是分析网络节点或链路不能正常工作时网络性能的变化情况，差异仅为引起变化的原因不同，只考虑不稳定因素引起网络性能变化的网络评价方法，其评价结果自然同时反映出网络的可靠性能和抗毁性能。

本书从运输网络角度，对可靠性和抗毁性界定如下：运输网络可靠性与抗毁性是从不同角度研究网络的特性，其研究的方法也是有区别的。网络可靠性是网络在规定条件下和规定时间内完成规定功能的能力，换句话说，就是对网络施加外部压力时节点之间连通的概率。也可以看作是节点或边是否起作用的概率表达，是系统提供稳定服务质量的稳定度。网络可靠性是从需求一方的角度分析问题，不是系统本身的特性。关于运输网络可靠性最详细的论述见 Bell（2014），其主要评价指标有连通可靠性、旅行时间可靠性和通行能力可靠性。对于系统来说，可靠性可以说明系统发生崩溃的概率。

铁路网抗毁性用来表示系统在被干扰情况下保持功能或性质的能力，反映了系统本身的特性，与边或节点失效的概率无关。在遭受外界干扰或破坏时，网络结构抗毁性不但要反映结构本身对于破坏的抵御能力，而且还要体现遭受破坏后结构的恢复能力。

二、抗毁性与脆弱性的关系

在灾害学界，对脆弱性的定义可概括为三种：①强调承灾体易于受到损害的性质，脆弱性是指承灾体对破坏和伤害的敏感性。②强调人类自身抵御灾害的状态，脆弱性是指人类易受或敏感于自然灾变破坏与伤害的状态。③综合定义，脆弱性是指人类、人类活动及其场地的一种性质或状态，脆弱性可以看成是安全的另一方面，脆弱性增加，安全性降低；脆弱性越大，抗御灾害和从灾害影响中恢复的能力越差。

在计算机科学中，脆弱性指的是计算机网络系统在攻击和故障下的受影响程度。流行的计算机网络脆弱性的分析方法有基于网络描述的、基于攻击树的、基于被动检测网络链接的分析方法。

陈倬（2007）从多个角度阐述了当前网络脆弱性的研究成果。主要研究了网络脆弱性分析的方法。给出的脆弱性是指网络中任何能够被用来作为攻击前提的特性。各种潜在的威胁通过利用这些脆弱性给网络系统造成损失,网络脆弱性存在于网络系统安全程序、设计、应用和内部控制等各方面。

Carroll（2002）围绕城市物流系统脆弱性这一主线,对城市物流系统脆弱性的概念进行界定,分析城市物流系统脆弱性的形成机理,并以此为基础,研究城市物流系统脆弱性评估的技术与方法,从鲁棒控制的角度提出减低城市物流系统脆弱性的技术与方法,进而建立城市物流系统安全性的保障机制。

网络脆弱性是有前提条件的概念,即"假定某事件发生后,评估造成损坏的后果"。脆弱性评估的是突发事件对网络造成的影响结果,而抗毁性研究的是突发事件发生后,维持关键服务的能力。对拓扑结构抗毁性分析有助于远期网络设施的规划和改善,对功能抗毁性分析有助于短期内维护网络的效率。一个具有抗毁性（Invulnerability，Survivability）的网络是一种具有足够的适应变化的能力储备,并且很容易适应网络恢复过程中的变化。

三、抗毁性与应急管理的关系

应急管理体系从功能上可以分为指挥调度系统、救援恢复系统、应急运输系统、信息管理系统和辅助决策系统。

指挥调度系统是应急管理体系的核心和中枢,它负责应急管理的统一指挥,包括进行决策、向各个机关机构发出指令或进行授权,并协调其他的功能与运作。

救援恢复系统是根据要求调配资源,执行应对方案,完成突发事件的后处理等。

应急运输系统为突发事件的处置提供所需物资,在整个应急管理体系中起到物资保障的作用。它是否能够准确、及时将应急救援物资运输到物资需求点直接关系到突发事件应对措施的效果。

信息管理系统是整个应急管理体系的信息交流平台,它通过多方位、多角度、运用多种手段采集、管理和发布信息，对突发事件发生前后的状态、环节和节点进行实时监控，并收集和发布信息，保证信息在系统内部安全、畅通地传递，从而提高面对重大突发事件的反应速度。它也为应急运输系统相关信息的传送、发布提供技术支持。

辅助决策系统为整个体系提供方法支持和政策建议，它在安全保障的机制机理、事件和机构的分类分级方法、资源优化布局方案、运输调度方案制定等研究的基础上，提出资源优化配置方案，同时进行评估和预警分析，为事件的处置提供决策资料与建议。

从抗毁性的定义可知，其可作为辅助决策支持系统的理论和技术支持，能够给出救援修复方案和运输调度方案，同时进行风险评估和预警分析，进而给出资源优化配置的方案，为事件的处置提供决策建议。最后，还可以对突发事件影响过程进行评估。

第四节　铁路网抗毁性模型

一、突发事件影响过程描述

铁路网的内部构成和外部环境都比较复杂，如果发生突发事件，会使铁路网系统内部有序的运作状态发生改变，其功能受到影响，但通过运用调度调整策略集中组织和调控铁路系统，能够维持和恢复相应的功能，这表现了铁路网抗毁性的特点。铁路网的突发事件，既有来自系统内部的因素造成，如车站、线路、电力和信号系统等故障因素，也有来自系统外部的因素，如恐怖袭击、自然灾害等，它们是不可避免的。随着我国铁路朝着速度更高、密度更大、技术更加先进的方向发展，对铁路突发事件的应急处置和控制提出了更高的要求：如何提高突发事件的处置效率，控制突发事件的影响,最大限度地减少突发事件带来的损失,是摆在我们面前的一个紧迫问题。

通过提高铁路网应对突发事件的能力,能大幅地改善突发事件发生后铁路网性能,进而提高铁路网的抗毁性。而要提高铁路网应对突发事件的能力,需要对突发事件后铁路网的维持和恢复过程进行分析。因此,构建铁路网抗毁性模型,直观地描述发生突发事件后对铁路网的处置控制过程。铁路网抗毁性模型是从突发事件发生时起,到通过采取调度、维修等措施使铁路网恢复到稳定状态时止整个过程的描述。突发事件发生后,铁路系统的正常、有序状态(假设无突发事件情况下,铁路网处在正常状态)被打乱,管理部门虽然制定了相应的应急措施,但新的扰动事件随着扰动的传播被触发,需要根据当前情况随时变更应急措施,这个过程将持续进行,直到铁路系统重新达到新的正常状态。其具体过程如图4-1所示。

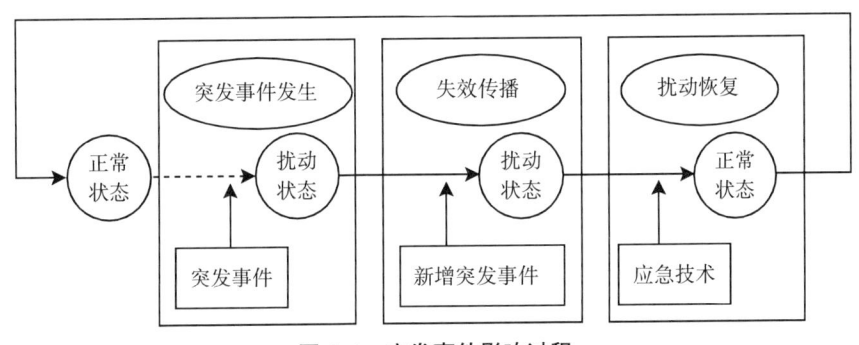

图4-1 突发事件影响过程

图4-1描述的是铁路网应对突发事件的处置和控制过程。在图中,正常状态是指在一定的时间和空间范围内,铁路物理网节点和边的功能良好,运输需求量无较大波动,采用正常列车运行图的状态;扰动状态是指在一定的时间和空间范围内,铁路物理网的节点或边受损,运输需求量激增,需要变更正常列车运行图的状态;失效传播是指铁路物理网节点或边受损,在采取迂回运输的过程中,由于车站或线路的能力限制,载运工具对资源(指车站和线路)在时间和空间上的占用冲突而导致的业务中断或

变更，使影响范围扩大的过程，失效传播过程中出现的业务中断或变更称为新扰动事件。本书假设突发事件的毁损传播过程是已知的，其对铁路网的影响范围是确定的。

未发生突发事件时，铁路网系统处于正常的稳定状态，铁路系统按照计划有序地运作。当突发事件发生后，铁路网系统正常状态被打乱，处于扰动状态，发生的突发事件同时会触发新的扰动事件发生，并在铁路网系统中传播，可能会发生级联失效现象，造成铁路网系统功能的瘫痪。通过采取应急处置技术，对铁路物理网进行修复和对铁路客、货流进行疏解，可以使铁路网系统从扰动状态恢复到正常状态，恢复铁路网的功能。铁路网的恢复包括两个方面：一是铁路物理网的修复，恢复铁路网拓扑结构的连通性；二是铁路客、货流疏解，恢复铁路网的业务功能。

突发事件发生后，铁路部门需要做出应急处置决策，需要根据现阶段可用资源的配备和应急资源的需求情况，确定其后铁路物理网的修复和铁路客、货流疏解策略。随着突发事件的发展变化，根据上一阶段决策的效果和目前的状况，多阶段地对铁路物理网进行修复和对铁路运输网进行重构，最终使铁路网系统恢复到正常的状态。因此，发生外部攻击、故障或灾害等突发事件后，对铁路物理网修复和客、货流的疏解过程是一个多阶段的决策过程，可以按照时间和空间的顺序，恰当地划分为若干个相互联系的阶段，令 K 为决策过程被划分的阶段的集合，n 为多阶段决策过程的阶段数，$k \in K$ 为系统所处的阶段，阶段变量是时间，可以在任意时刻做决策。

二、状态

状态表示每个阶段开始时所面临的自然状况或客观条件，它描述了过程的过去、现在和将来的状况。X 为系统状态集，$x_k \in X$ 为系统在第 $k \in K$ 阶段的状态，代表系统中车站和线路失效与否、载运工具的可用数量以及节点间的运输需求量，由过程本身所确定，描述着铁路网遭受突发事件后的演变特征。

令 d_0 代表在正常状态下，铁路网的运输需求量；n_0^f 代表在正常状态下，载运工具的可用数量；d_k 代表在 $x_k \in X$ 状态下，铁路网的运输需求量；n_k^f 代表在 $x_k \in K$ 状态下，载运工具的可用数量；H_k^{un} 代表在 $x_k \in K$ 状态下，铁路网系统中失效的车站或线路集合。则有：

$$\{d_k^s, n_k^f, H_k^{un}\} \propto f(x_k) \tag{4-1}$$

当 $x_k \in X$ 状态时，满足条件：

$$\{x_k | d_k^s \cong d_0, n_k^f \cong n_0^f, H_k^{un} = \phi\} \tag{4-2}$$

则认为铁路网恢复到正常、稳定的状态。

在 $k \in K$ 阶段里，铁路网系统处在某一个确定的状态，根据当前状态采取一些措施能够使系统的状态发生跃迁。在铁路网系统中，如果给定某一阶段的状态，则在这一阶段以后的过程，不受这阶段以前各阶段状态的影响，而只与当前的状态有关，即具有无后效性。

三、决策

在多阶段决策过程中，当每个阶段的状态确定后，往往可以做出不同的决定，使过程依照不同的方式转移到下一个阶段的某一个状态，这种决定称为决策，描述决策的变量称为决策变量。U 为系统的决策集，$u_k \in U$ 为系统在第 $k \in K$ 阶段的决策，在 $k \in K$ 时所采取的决策仅仅依赖于所处的状态 x_k。它表示决策者的一种选择和决定。决策变量取值的全体称为允许决策集合。在第 k 阶段的允许决策集合记为 $D_k(x_k)$，显然有：

$$u_k(x_k) \in D_k(x_k) \tag{4-3}$$

决策 $u_k(x_k)$ 是允许决策集合中的一个决策，在发生突发事件后，在处置和控制过程中，在每个状态点，选择允许决策集合 $D_k(x_k)$ 中的最优决策。在状态 $x_k \in X$ 的最优决策是指使铁路网性能有较大改善的决策，在状态 $x_k \in X$ 的最优决策记为 $u_k^*(x_k)$。在整个过程中，在所有状态点的最优决策的集合记为 p_{1n}，则：

$$p_{1n} = \{u_1^*(x_1), u_2^*(x_2), \cdots, u_n^*(x_n)\} \tag{4-4}$$

铁路网抗毁性分析

铁路物理网是业务网的承载基础，物理网中节点或边发生失效或故障，将会影响到业务的开展，需要对铁路网进行恢复。铁路网恢复决策包括两个方面：一是拓扑结构，通过修复铁路物理网上的节点或边，恢复路网连通性；二是业务功能，通过调度调整运输计划恢复路网业务功能。突发事件发生后，铁路物理网受损，业务功能受到影响，运用铁路物理网修复方案，修复受损节点或边，同时运用客、货流疏解方案，尽可能保证关键运输服务的开展。运输需求变化和业务的调整，促使铁路物理网的修复方案发生改变，同时路网部分功能的修复，又会调整疏解方案，铁路物理网修复方案和客、货流疏解方案随着状态的跃迁而发生相应变化。铁路网的恢复模型如图4-2所示。

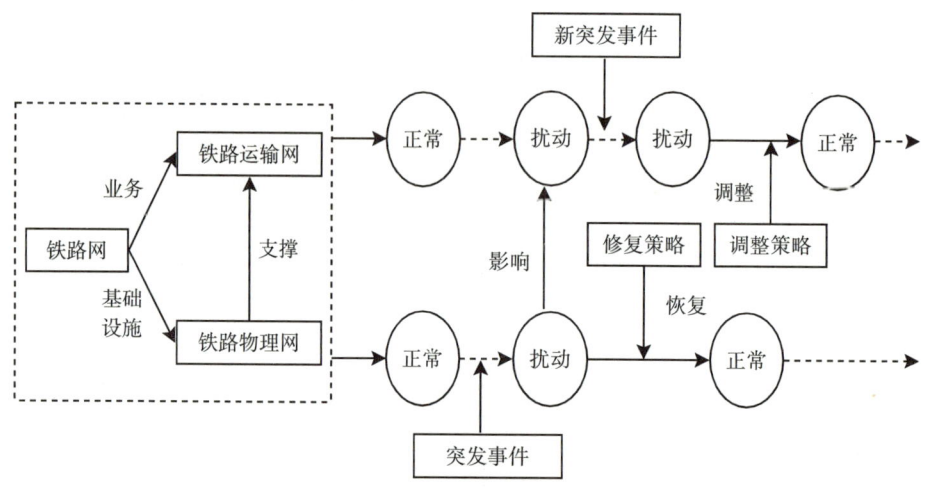

图4-2 突发情况下铁路网恢复决策

（一）铁路物理网修复决策

铁路物理网修复的目标是通过修复铁路物理网受损的节点或边，恢复铁路物理网拓扑结构的连通性，进而使铁路网的业务功能恢复到突发事件发生前的水平。铁路物理网修复的已知条件包括铁路网受损节点及边的信息、铁路物理网的拓扑结构、铁路网上节点间的需求量及其优先级等。铁路物理网修复的决策是根据节点间的需求量及其优先级、网络的拓扑特性，确定铁路网受损节点的修复时序方案。

突发事件发生后，铁路网节点或边被修复的时序以节点或边的重要度做参考依据。以节点或边被修复后对网络功能恢复所起的作用的大小，称为节点或边的贡献。本书假设在修复过程中，救援队有足够的修复能力，能够快速有效地将受损节点或边修复好，因此对于考虑到救援队的修复能力和修复时间，同时修复多个重要度小、修复时间短的节点集合与修复重要度大、修复时间长的节点对铁路网性能所产生贡献的大小有待后续深入研究。

突发事件发生后，铁路网系统中的设备和设施受到影响，铁路物理网的结构发生变化，铁路网系统的状态也发生变化，影响到铁路运输生产系统维持正常的运输服务。令铁路网系统中受损、失效的设施、设备的集合为 Q，综合考虑网络上节点间此阶段时间内的运输需求量及其优先级、有效网络的拓扑结构等信息，判断该状态下的关键节点，优先修复此关键节点。重复此项工作，直到铁路网系统中所有的设施、设备恢复正常状态（指设施和设备的功能恢复）为止，此过程为铁路物理网修复时序方案编制过程，具体过程如图 4-3 所示。

由第一阶段到第 n 阶段全过程的决策所构成的任一可行决策序列，称为一个策略，即：

$$p_{1n}^p = \{u_1^p(x_1), u_2^p(x_2), \cdots, u_n^p(x_n)\} \tag{4-5}$$

铁路物理网修复时序方案是在所有可行决策序列集合中，给出使网络性能恢复最快的某个可行决策序列，该时序方案的编制方法见本书第六章。

（二）铁路客、货流疏解决策

铁路网上发生突发事件时，恢复受影响业务的过程实质上是根据网络受影响情况，重新制定铁路客、货流疏解方案。铁路客、货流疏解方案编制问题是研究在突发事件下，通过优化可用资源的配置，将旅客和货物快速、有效运送到目的地的问题。突发事件发生后，铁路网系统的正常状态被打乱，系统的需求有较大波动，网络上节点间运输需求严重的不均衡。

| **铁路网抗毁性分析**

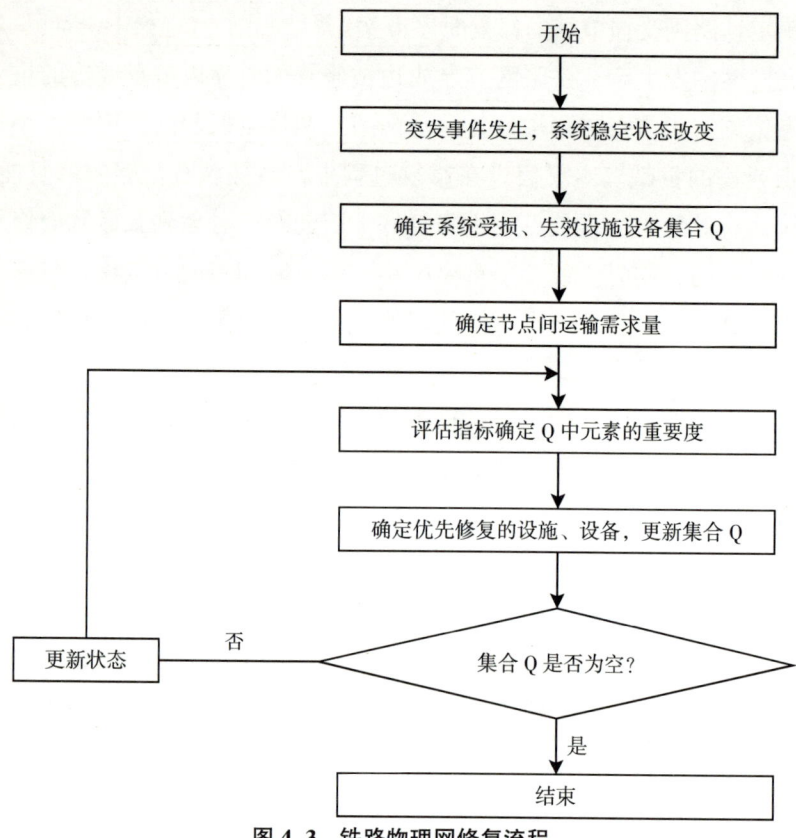

图 4-3　铁路物理网修复流程

根据此状态下，网络上节点间的运输需求量以及铁路网系统的状态，制定有效的铁路客、货流疏解方案，尽可能满足旅客和货物需求。在此过程中，节点间的运输需求是不断变化的，并且铁路物理网的功能也在不断得到恢复，需要实时改变铁路客、货流疏解方案，重复此项工作，直到铁路网系统中所有的设施、设备恢复到正常状态且铁路网上节点间的需求量恢复到正常情况为止。铁路客、货流疏解编制过程如图 4-4 所示。

突发事件发生后，铁路客、货流疏解的目标是根据节点间的运输需求和铁路网系统可用资源（包括固定设备和载运工具）的配置情况，快速、有效地将旅客和紧急货物运输到目的地，尽可能满足网络上所有节点间的运输需求，优先满足旅客和紧缺物资的运输。

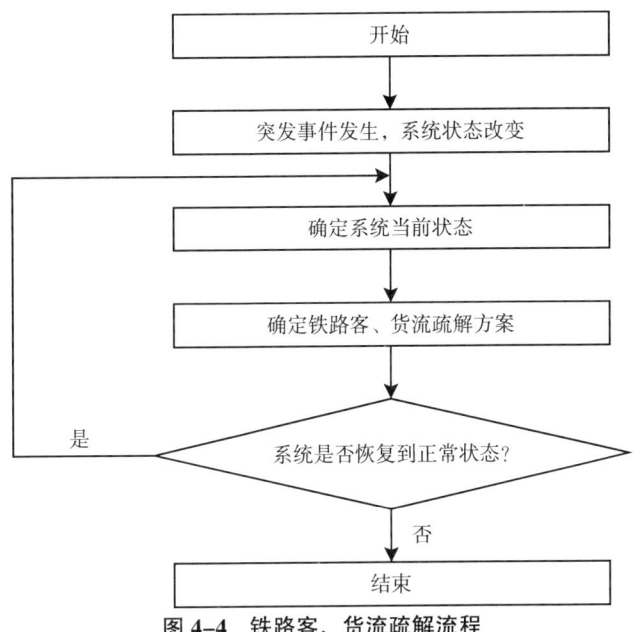

图 4-4　铁路客、货流疏解流程

铁路客、货流疏解方案编制的已知条件包括节点间的运输需求以及需求满足的优先级、铁路网拓扑结构、铁路网上节点和边的能力、初始条件下铁路网节点的可用列车的数目等信息。

由第一阶段到第 n 阶段全过程的决策所构成的任一可行决策序列,称为一个策略,即:

$$p_{1n}^o = \{u_1^o(x_1),\ u_2^o(x_2),\ \cdots,\ u_n^o(x_n)\} \tag{4-6}$$

铁路客、货流疏解方案是在所有可行决策序列集合中,给出使网络性能恢复最快的某个可行决策序列,该疏解方案的编制方法见本书第七章。

由上分析可知,铁路网系统的决策包括铁路物理网修复决策和铁路客、货流疏解决策,即 $u_k(x_k) = (u_k^p(x_k),\ u_k^o(x_k))$,由第一阶段到第 n 阶段全过程的决策所构成的任一可行决策序列,称为一个策略,记为 p_{1n},即:

$$p_{1n} = \{u_1(x_1),\ u_2(x_2),\ \cdots,\ u_n(x_n)\} = \{(u_1^p(x_1),\ u_1^o(x_1)),\ (u_1^p(x_1),\ u_1^o(x_1))\cdots,\ (u_1^p(x_1),\ u_1^o(x_1))\} \tag{4-7}$$

四、状态转移方程

铁路网系统的多阶段决策过程是一个序贯决策过程，即如果已给定第 k 阶段的状态 x_k，则在该阶段的决策变量 u_k 确定之后，第 k+1 阶段的状态 x_{k+1} 也就随之确定，这样，可以把 x_{k+1} 看成是（x_k，u_k，w_k）的函数，这一关系指明了由第 k 阶段到第 k+1 阶段的状态转移规律，称为状态转移方程。铁路网系统的状态转移方程为：

$$x_{k+1} = T^k(x_k, u_k, w_k) \tag{4-8}$$

在式 4-8 中，$T^k(\cdot)$ 代表状态转移的函数关系，表示铁路网在 k 阶段的状态为 x_k，在此阶段突发事件的集合为 w_k，既包括新产生的突发事件，也包括失效传播产生的突发事件，根据状态 x_k 和干扰 w_k，确定铁路网系统在此阶段的决策为 u_k，铁路网的状态从 x_k 跃迁到 x_{k+1}。在新的状态 x_{k+1}，铁路网的运输需求、铁路网拓扑结构和载运工具的配置情况等发生变化，需要制定新的决策。

第五节 铁路网抗毁性研究框架

前文已经提出了一些定义、模型，但还没有进行框架的研究。研究铁路网抗毁性，应该从抗毁性的定义出发，它是建立铁路网抗毁性理论的根基。铁路网抗毁性描述的是从突发事件发生时起，到通过采取修复、调度调整等措施使铁路网恢复到稳定状态时止的整个过程。在提出的铁路网抗毁性的定义及抗毁性模型的研究成果之上，提出抗毁性研究框架，即将现有的抗毁性研究成果统一于一个研究框架之下，具体框架图如图 4-5 所示。

首先，根据对问题的认识情况，选择合适的研究方法。铁路网抗毁性

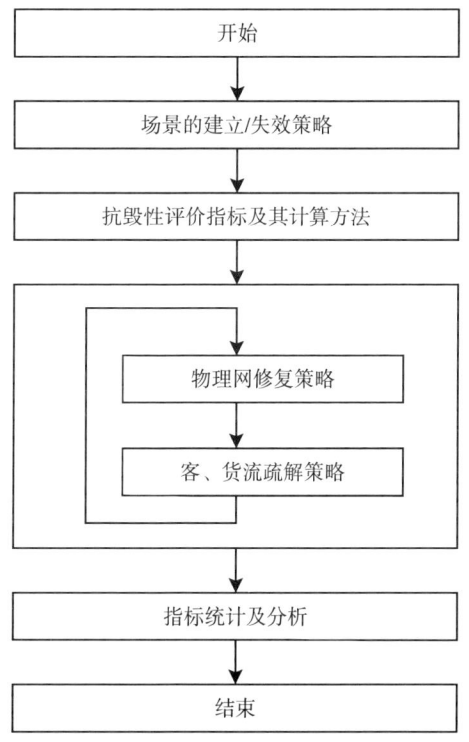

图 4-5 铁路网抗毁性研究框架

的研究方法包括特定策略、特定场景两种方法，其各有优缺点：特定策略的方法是基于统计学，以概率论为基础，此方法对于评估一定策略下的不同配置（拓扑结构）网络的抗毁性非常有用；特定场景能够详细考虑流量变化、环境的影响，可以根据特定场景选择适合评估该场景的参数指标，但需要对系统内部各元素之间和外部环境之间的作用规律以及系统内部的因果联系关系比较清晰。

其次，确定抗毁性的评估指标及其指标的计算方法。从定性研究开始，逐渐向定量研究过渡。只有基于定量分析的研究，才能最终将抗毁性理论应用于实际。

再次，动态交互过程分析。铁路网抗毁性分析过程是一个内部元素和外部环境在管理部门的决策指导下的动态交互和反馈过程，突发事件发生

| 铁路网抗毁性分析

后，路网结构和运输需求发生变化，需要对路网进行修复，并调整物理网支撑的运输网，给出客、货流疏解策略。运输需求变化和运输网的调整，促使铁路物理网的修复方案发生改变，同时路网部分功能的修复，又会调整客、货流疏解策略，铁路物理网修复决策和客、货流疏解决策随着状态的跃迁而发生相应的变化。

最后，根据统计指标值，综合分析铁路网的抗毁性。

第五章 铁路网抗毁性评估方法

铁路网抗毁性表征其遭受到损害或者被摧毁时的适应性和恢复性，对其评估主要是对突发事件影响下的恢复过程和影响结果。本章提出铁路网抗毁性的评估方法，从铁路物理网和铁路运输网两方面构建铁路网抗毁性评估指标，并给出指标的计算方法。

第一节 铁路网抗毁性的评估指标构建

评估指标构建是抗毁性评估的基础，铁路网具有自身一些特点，在基础设施、运输组织等方面与其他输运网络有一定的区别，并且具有层次、他组织和可恢复的特性，这使其成为建立指标体系的难点。本章在系统分析铁路网的基础上，遵循一定的指标设计原则，针对铁路物理网和铁路运输网，分别从拓扑结构和网络功能两个角度，合理地构建铁路网抗毁性评估指标。

一、评估指标构建的原则

复杂的事物都具有众多的影响因素，对每个因素都考虑得很清楚是不可能的，而只对部分因素过分地精确化，也没有什么实际意义。因此，评

铁路网抗毁性分析

价指标体系的建立要充分考虑到系统性、合理性和针对性，不能一味追求指标的精确性。对于铁路网抗毁性评估指标体系的构建，应遵循三个方面的规则。

（一）系统性原则

铁路网系统呈现一定的层次结构，由铁路物理网和铁路运输网两层构成，每一层可以形成一个单独的子系统，能够从一个侧面反映系统的状况，如铁路物理网能够反映铁路网的拓扑结构，而铁路运输网能够反映铁路网的业务功能。基于系统工程的思想观点，指标的构建要反映它的系统性和整体性，需要从铁路物理网和铁路运输网分别构建评估指标。

（二）科学性和合理性

科学性是符合客观规律的真实属性。设计评价指标时，首先以科学的理论做指导，使评价指标能够抓住评价对象的实质，在逻辑结构上严谨、合理。对于铁路网的抗毁性，是评估它的恢复和维持关键服务的能力。再者，评价指标是理论与实际相结合的产物，要提取出最有代表性的内容。在铁路网抗毁性评估中，需要分析因果关系，找出造成后果的关键因素，如2008年初，中国南方大部遭受雨雪冰冻灾害，使部分地区和线路的停运，造成大量旅客滞留车站，但铁路路网是连通的，分析其原因，是由于冰冻灾害造成电力设备故障，导致电力机车无法执行牵引任务。同时，由于内燃机车数量不足，造成运输业务无法开展，最终使铁路网系统的业务功能失效。因此，在对其评估时，主要应该对铁路运输网的抗毁性进行评估。

（三）针对性原则

通常情况下，不同系统的抗毁性评价指标不同。尽管它们具有相似性，且某些子指标体系可能完全相同，但很多方面的具体细节仍存在差别。因此，在建立评价指标时，务必针对各系统作具体的分析，以便建立的评估指标能够反映系统的实际抗毁水平。铁路网抗毁性评估以评估"抗毁能力"为目标，追求每个指标都能从各个不同的侧面，科学、客观地反映系统的评估目标，同时注重评估方法的实用性和可操作性，以实现理论和实践相结合的目的。

指标数量的多少及其体系的结构形式以实用性和可操作性为原则,事实上也是以系统优化为原则,即以较少的指标(数量较少,层次较少)较全面地、系统地反映评价对象的内容,既要避免指标过于庞杂,又要避免单因素选择,追求评价指标的总体最优或满意。

二、铁路网抗毁性评估指标

铁路网抗毁性评估应该包含从正常状态到失效状态,再恢复到正常状态的整个过程的评估,其主要与两个关键特性有关:适应性和恢复性。适应性指突发事件发生后,系统隔离异常部分,重新配置资源,维持关键运输服务的能力。恢复性指故障排除和攻击结束后,对受损设施的修复,恢复其原有服务水平。适应和恢复过程持续的时间越长,系统的抗毁性越差;相反,适应和恢复时间越短,抗毁性越高。所以当突发事件发生后,铁路部门应快速采取应急恢复措施,通过对铁路物理网修复和客、货流的疏解,使铁路网的功能尽快恢复,提高其应对突发事件的能力。

铁路物理网修复和客、货流疏解的过程是一个多阶段的决策过程,可以按照时间和空间的顺序恰当地划分为若干个相互联系的阶段,在每个阶段可以对铁路网抗毁性进行定量评估,通过分析相关的指标及其测度,以准确获得此阶段铁路网的抗毁性能。整个恢复过程中,综合各个阶段的抗毁性能,得出铁路网在此场景或策略下的抗毁性能,如图5-1所示。

如果仅考虑网络拓扑结构和连通性,则称这种网络为纯网。在纯网中,流量看成是常数,而不是网络状态的函数。如果不仅考虑网络的拓扑结构,还要考虑网络上流的特性(如节点需求量、能力约束和弧的成本函数),则称这种网络为流网。铁路网是一种流网,在分析铁路网特性时,不仅要考虑铁路网络拓扑结构,还要考虑铁路网上流的特性。铁路物理网是从拓扑结构角度对铁路网的抽象,铁路运输网是从业务功能角度对铁路网进行抽象,因此应该从铁路物理网和铁路运输网两个方面构建铁路网抗毁性指标。

铁路网抗毁性分析

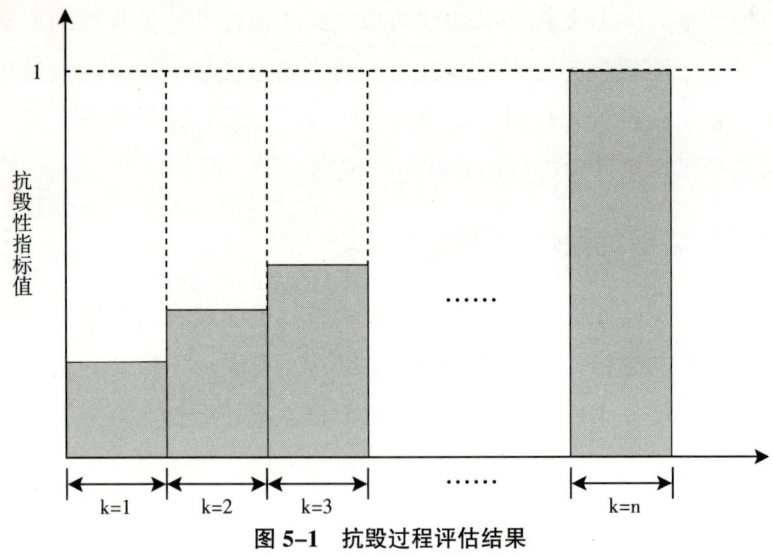

图 5-1 抗毁过程评估结果

（一）铁路物理网抗毁性评估

铁路物理网包括车站和线路的全部设施，对铁路物理网的抗毁性评估分析就是对铁路网网络拓扑连通性的分析，是衡量铁路网抗毁能力最直观的方面。对于突发事件发生后，铁路网的连通能力可以通过网络效率和营业里程可达性指标评估。

（二）铁路运输网抗毁性评估

运输网是在物理网的承载基础上，通过合理的运输组织方式，在逻辑上实现运输过程中各个环节的一体化集成，以发挥网络能力，满足客、货流运输的需求。对铁路运输网的评估分析就是对铁路网业务功能的分析，主要从业务有效性和业务量两个方面进行评估（见图 5-2）。业务有效性指铁路节点间的业务有没有受到突发事件的影响，能否有效开展；业务量方面主要考察铁路网能否维持一定的业务量或者能否保持原有的业务量。突发事件后，旅行时间可达性、铁路网运输径路的运输减少量和铁路网的实际承载量能够反映铁路网业务抗毁性能的高低。

第五章 铁路网抗毁性评估方法

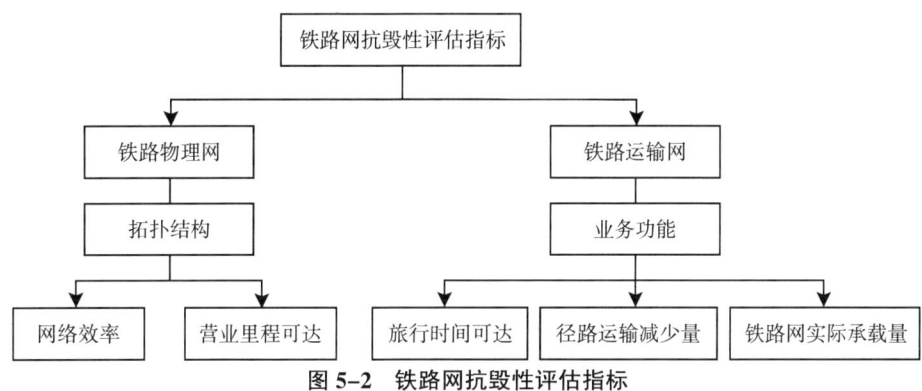

图 5-2 铁路网抗毁性评估指标

第二节 铁路物理网抗毁性评估指标

一、网络效率

在高负载、出现突发危机的情况下，一些铁路节点或边会出现阻塞和故障，为了尽可能提高货流和客流输送的能力，铁路运输在一些地段将采用迂回路径，铁路网的输送效率将有所降低。当铁路很多节点和边出现阻塞或故障时，铁路网将会被分割成一些子网络，节点间的连通性遭到破坏，无可行的迂回径路。具有良好抗毁性的铁路网，在某个节点或边出现故障或阻塞时，其网络的输运效率变化不大；否则，铁路网的输运效率将会变得很低。

两个节点（i，j）之间的效率定义为节点之间距离 d_{ij} 的倒数，当两个节点间不连通时，则节点间的网络效率为0。节点间距离越短时，节点间的效率越高。铁路网网络效率定义为网络中节点间最短路径的倒数的平均值，其反映网络的连通能力，能够表征全局网络的拓扑结构抗毁性。网络效率表示为：

$$E(k) = \frac{2}{N(N-1)} \sum_{i \geqslant j}^{N} \frac{1}{d_{ij}(k)} \tag{5-1}$$

式中，$E(k)$ 为在恢复过程中的第 k 阶段下，铁路网的网络效率值；N 为网络中节点的数目；$d_{ij}(k)$ 为在突发事件发生后的恢复过程中，第 k 阶段节点 i 和 j 之间的最短距离。当 E 值很大时，表明网络有很好的连通性和很高的效率。令 $E(0)$ 为在正常情况下铁路网的网络效率，则：

$$E(0) = \frac{2}{N(N-1)} \sum_{i \geqslant j}^{N} \frac{1}{\overline{d}_{ij}} \tag{5-2}$$

式中，$\overline{d}_{ij}$ 为在正常情况下，节点 i 和 j 之间的最短距离。突发事件发生后，第 k 阶段铁路网的效率与突发事件前铁路网效率的比值 ζ，能够反映出突发事件在第 k 阶段对网络拓扑的影响程度，也反映铁路网的抗毁性能，将其定义为：

$$\zeta(k) = \frac{E(k)}{E(0)} \tag{5-3}$$

二、基于营业里程测度的可达性

虽然学者们在可达性的精确定义上仍然难以达成一致意见，但普遍认为交通系统将可达性的基本含义与个体在空间中移动的能力联系起来。对于铁路网来说，可达性可以概括为在铁路网上从某一车站到达目的车站的便捷程度。

在可达性评价指标的研究上，可达性的评价首先是对所研究地理事物之间的关系进行度量，然后利用一定的评价方法进行数学模型下的计算。目前受到公认的度量方法有：Baxter（1975）和 Kirby（1976）等提出和修正的距离度量法；Vickerman（1974）和 Muraco（1972）等提出和改进后的拓扑度量法；Stewart（1958）和 Hansen（1959）提出的重力度量法；Wachs（1973）、Mitchell（1977）和 Breheny（1978）使用的累积机会法。在不同空间尺度的可达性研究中，主要包括国家或区域的可达性研究和城

第五章 铁路网抗毁性评估方法

市内部的可达性研究。Javier（1996）对欧洲高速铁路网可能引起的欧洲各大城市可达性值的变化进行研究，Bowen（2000）对东南亚的国际航空可达性进行研究，Linneker（1996）认为伦敦的环形公路引起的可达性变化对区域经济发展具有的积极作用。

在突发事件发生后，可达性的评估方法与已有研究有些区别，提出的测度方法能反映路网的受影响情况，通过对路网受影响状况的定量分析，间接测量网络的抗毁性能。铁路网营业里程可达性反映的是铁路网上实体之间克服距离障碍进行交流的难易程度，因此它与路网受影响程度有关。以可达性为网络分析目标时，并不关心路径上是否有充足的容量。铁路网营业里程可达性分为网络可达性和区域可达性。

网络可达性反映了网络整体上各个节点之间的均衡可达程度，其定义如下：

$$A^j(k) = \frac{\sum_i \sum_j d_{ij}(k)}{\sum_i \sum_j \bar{d}_{ij}} \tag{5-4}$$

$$D^j(k) = \frac{f - A^j(k)}{f - 1} \tag{5-5}$$

上式中，$D^j(k)$是网络的可达性测度；$A^j(k)$是网络的可达率；$d_{ij}(k)$是突发事件后，在第$k \in K$阶段网络中节点i和节点j之间的实际里程；$\bar{d}_{ij}(k)$是正常情况下，网络中节点i和节点j之间的实际里程；f为常数，根据横跨网络的最长运输通道在突发事件发生后与发生前的运输里程变化的比值γ确定，$f = \lceil \gamma \rceil$。

网络可达性对度量值进行了均值处理或加权式均值处理，没有考虑各种度量值的分散性。实际上，抗毁性度量值的分散特性具有较重要的意义，它表示了网络中关键区域或节点的可达性。对于铁路网，从纯拓扑结构角度考虑，关键区域的可达性及通道的畅通性是突发事件发生后首要考虑的重点因素。在区域范围内，可达性反映了某一城市或区域与其他城市或区域之间发生空间相互作用的难易程度。

区域可达性反映了该区域与其邻居区域的可达程度，其定义如下：

$$A_i^j(k) = \frac{\sum_{j \neq i} w_{ij} d_{ij}(k)}{\sum_{j \neq i} w_{ij} \bar{d}_{ij}} \tag{5-6}$$

$$A_s^j(k) = \frac{1}{n_s} \sum_{i \in N_s} A_i^j(k) \tag{5-7}$$

$$D_s^j(k) = \frac{f - A_s^j(k)}{f - 1} \tag{5-8}$$

式中，$D_s^j(k)$ 是突发事件后，在第 $k \in K$ 阶段网络中区域 s 的可达度；n_s 是区域 s 中节点个数；$D_i^j(k)$ 是区域 s 内节点 i 的可达度；w_{ij} 是节点 j 的权重，$\sum_j w_{ij} = 1$，其定义如下：

$$w_{ij} = \frac{1}{n_r - \delta_r} \cdot \frac{v_{sr}}{\sum_q v_{sq}} \tag{5-9}$$

其中，

$$\delta_r = \begin{cases} 1 & r = s \\ 0 & r \neq s \end{cases} \tag{5-10}$$

式中，v_{sr} 是突发事件前，区域 s 与区域 r 之间的客、货流量；q 是区域的标号；N_r 是区域 r 中节点的集合；N_s 是区域 s 中节点的集合。

第三节 铁路运输网抗毁性评估指标

一、基于旅行时间测度的可达性

上文中，将营业里程可达性作为铁路物理网的评估指标，而旅客或货物在节点间的运行时间与其所选取的径路和运行速度有关，反映了铁路网的业务性能，可以作为铁路运输网抗毁性评估指标。在突发情况下，铁路线路或车站可能受到影响，此时网络可达性表征了网络中节点对之间基于旅行时间可达的难易程度。

基于旅行时间的网络可达性定义如下：

$$A^l(k) = \frac{\sum_i \sum_j t_{ij}(k)}{\sum_i \sum_j \bar{t}_{ij}} \tag{5-11}$$

$$D^l(k) = \frac{f - A^l(k)}{f - 1} \tag{5-12}$$

式中，$D^l(k)$ 是网络的可达性测度；$A^l(k)$ 是网络的可达率；$t_{ij}(k)$ 是突发事件后，在第 $k \in K$ 阶段网络中节点 i 和节点 j 之间的实际旅行时间；$\bar{t}_{ij}(k)$ 是正常情况下，网络中节点 i 和节点 j 之间的实际旅行时间；f 为常数，根据横跨网络的最长运输通道在突发事件发生后与发生前的运输时间变化的比值 γ 确定，$f = \lceil \gamma \rceil$。

基于旅行时间的区域可达性也是抗毁性的分散性测度，反映了该区域与其邻居区域的可达程度，其定义如下：

$$A_i^l(k) = \frac{\sum_{j \neq i} w_{ij} t_{ij}(k)}{\sum_{j \neq i} w_{ij} \bar{t}_{ij}} \tag{5-13}$$

$$A_s^l(k) = \frac{1}{n_s} \sum_{i \in N_s} A_i^l(k) \tag{5-14}$$

$$D_s^l(k) = \frac{f - A_s^l(k)}{f - 1} \tag{5-15}$$

式中，$D_s^l(k)$ 是突发事件后，在第 $k \in K$ 阶段网络中区域 s 的可达度，n_s 是区域 s 中节点个数，$D_i^l(k)$ 是区域 s 内节点 i 的可达度，w_{ij} 是节点 j 的权重，$\sum_j w_{ij} = 1$，其定义如式（5-9）和式（5-10）。

二、铁路运输径路的运输减少量

突发事件对铁路网业务功能影响的大小与铁路网节点间的径路运输量变化值是相关的，影响程度越大，节点间的运输量减少越大。令 Q_p 为节点对集合，对于节点 $i \in N$ 和 $j \in N$，有 $(i, j) \in Q_p$；$\bar{P}$ 为在正常情况下，节点间经由径路的集合；$\bar{p}_{i,j}$ 是节点 $i \in N$ 和 $j \in N$ 间的经由径路；$\bar{f}_{i,j}$ 是在正常情况下，节点对 $(i, j) \in Q_p$ 的径路 $\bar{p}_{i,j} \in \bar{P}$ 上的运输量。突发事件发生后，需要重新确定节点对间的径路，并进行客、货流量分配。令 P 是突发事件后节点间经由径路的集合；$p_{i,j}(k)$ 是突发事件下，第 k 阶段节点 i 和节点 j 间的经由径路；$f_{i,j}(k)$ 是突发事件下，节点对 $(i, j) \in Q_p$ 的径路 $p_{i,j} \in P$ 上的运输量；在突发事件发生前后运输径路的运输减少量为 $\lambda_{i,j}(k)$，则：

$$\lambda_{ij}(k) = \begin{cases} \bar{f}_{ij} - f_{ij}(k) & \bar{f}_{ij} > f_{ij}(k) \\ 0 & 其他 \end{cases} \tag{5-16}$$

取集合 Q_p 中所有节点对间运输径路的运输减少量平均值 u_Q 和方差 τ_Q 作为铁路网抗毁性分析的定量指标，分别定义如下：

$$u_Q(k) = \frac{1}{m} \sum_{(i,j) \in Q} w_{i,j}(k) \lambda_{i,j}(k) \tag{5-17}$$

$$\tau_Q(k) = \frac{1}{m} \sum_{(i,j) \in Q} (w_{i,j}(k) \lambda_{i,j}(k) - u_Q(k))^2 \tag{5-18}$$

式中，$w_{i,j}(k)$ 代表节点对 $(i, j) \in Q_p$ 在第 k 阶段的经由径路的重要性，其由运输径路上的客、货流优先等级确定，客流运输的优先等级高于货流，假设其上运输的货物可以分为紧急、重要和普通三个等级。铁路网运输径路运输减少量的平均值体现了突发事件发生后铁路网业务量的总体损失情况，是业务抗毁性的重要数学特征参量。u_Q 越小，铁路网的抗毁性越好。铁路网运输径路运输减少量的均方差反映了铁路网系统抗毁的分散特性，表示铁路网系统中是否存在运输量减少特别大的运输径路，这些运输径路是关键的。从网络拓扑结构及客流分布相结合的角度考虑，这些运输径路的运输量的恢复对铁路网系统将产生较大的作用。在其他条件允许的情况下，应该尽量避免出现关键的径路。τ_Q 越小，网络的抗毁性越好。

三、铁路网实际运输承载量

铁路网实际运输承载率定义 $\ell(k)$ 定义为在恢复过程中，第 k 阶段的实际运输能力与正常情况下路网实际运输能力的比值。

$$\ell(k) = \frac{Z(k)}{Z(0)} \tag{5-19}$$

式中，$Z(k)$ 代表铁路网在恢复过程中的第 k 阶段的实际运输能力；$Z(0)$ 代表铁路网在正常情况下实际运输能力。$Z(k)$ 和 $Z(0)$ 的计算方法如下：

$$Z(k) = \sum_{a \in A} C_a(k) l_a \tag{5-20}$$

$$Z(0) = \sum_{a \in A} \overline{C}_a l_a \tag{5-21}$$

式中，A 代表铁路网上线路区段的集合；区段 $a \in A$，$C_a(k)$ 在突发事件下，第 k 阶段的实际输送能力；$\overline{C}_a$ 代表区段 $a \in A$ 在正常情况下区段的实际输送能力；l_a 代表区段 $a \in A$ 的区段长度。

第四节 实例分析

以 2008 年雨雪冰冻灾害为例，对提出的铁路网抗毁性评估指标进行验证分析。

一、实例背景及参数

从 2008 年 1 月 10 日至春节前夕，受冷暖空气共同影响，中国中东部、南方和西北大部分地区连续出现大范围的雨雪冰冻天气。因冻雨凝冻造成湖南、贵州等地电网线断塔倒，供电中断致使区域内电气化铁路停运，京广、京九等铁路大动脉受到巨大的冲击，广州火车站同时滞留旅客平均达到 17 万人。如今，雪灾已经过去，但它留给我们的记忆是深刻的。以此为背景，通过选取京广、京九、沪昆等铁路线路的重要节点和线路交叉点，对我国铁路网系统抗毁性进行分析。

铁路网示意图如图 5-3 所示。

选取广州、武汉、南昌、西安、郑州、成都、徐州、上海、南宁、贵州、昆明等受雨雪冰冻影响的地区，在每个地区选择了重要车站和线路交叉站，其车站和地区的所属关系如表 5-1 所示。

铁路网抗毁性分析

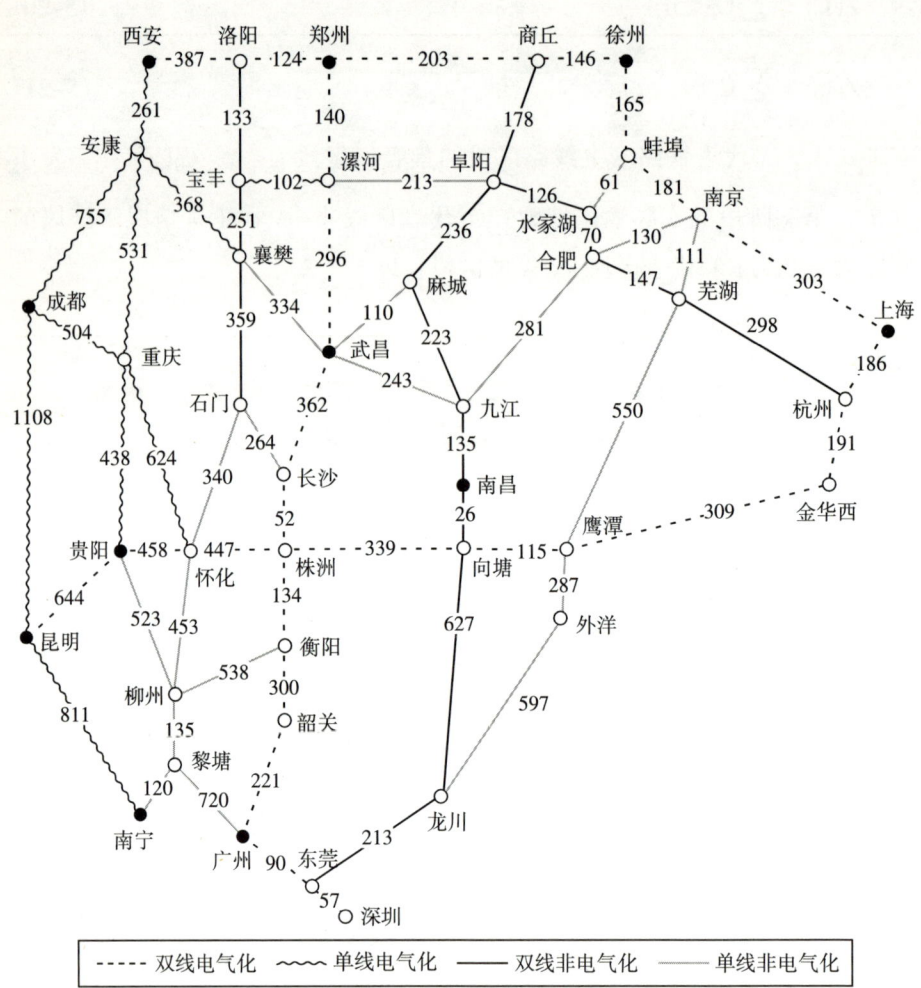

图 5-3 相关铁路网示意图

注:数字代表线路长度(单位:km)。

表 5-1 车站所属地区

车站	地区	车站	地区	车站	地区	车站	地区
广州	广州	深圳	广州	东莞	广州	龙川	广州
韶关	广州	南昌	南昌	九江	南昌	向塘	南昌
鹰潭	南昌	外洋	南昌	南宁	南宁	柳州	南宁
黎塘	南宁	贵阳	贵阳	昆明	昆明	蚌埠	上海

续表

车站	地区	车站	地区	车站	地区	车站	地区
南京	上海	上海	上海	阜阳	上海	水家湖	上海
合肥	上海	芜湖	上海	杭州	上海	金华西	上海
成都	成都	重庆	成都	麻城	武汉	衡阳	武汉
株洲	武汉	长沙	武汉	武昌	武汉	襄樊	武汉
石门	武汉	怀化	武汉	西安	西安	安康	西安
徐州	徐州	洛阳	郑州	郑州	郑州	商丘	郑州
漯河	郑州	宝丰	郑州				

根据 2007 年底旅客列车时刻表，计算地区之间的客流量，区域之间客流量以两个地区之间开行旅客列车数量为参考量，直达列车取为 1，途经站列车取 0.5，计算结果如表 5-2 所示。

表 5-2 区域之间铁路客流量

	徐州	广州	南宁	昆明	贵阳	成都	西安	郑州	武汉	上海	南昌
徐州		5	0	0	0	6	14.5	55	7	124	5
广州	4.5		15	5	4	22.5	15	51	260	54	76
南宁	0	17.5		13	7	14.5	3	16	57	19.5	18.5
昆明	0	3.5	7		7	7.5	1	3	12	5.5	3.5
贵阳	0	5.5	6.5	12		8	1.5	6.5	27	16.5	8.5
成都	3	17.5	9.5	8	10.5		22	21	36.5	27	12.5
西安	14	18	2	1	2	39.5		95.5	16	43.5	7
郑州	37.5	70	16	5	7	38.5	112.5		140	147	39.5
武汉	7.5	236	66	22	37	73.5	49.5	53		146	124.5
上海	109	57.5	18	8	18.5	40	40.5	138	170		147
南昌	5	107	22.5	6	12.5	22	19.5	30.5	126	163.5	

京广线、沪昆线为双线电气化铁路。雪灾导致南方大部铁路供电线路受损，供电中断，电力机车无法有效牵引列车运行，导致京广线、沪昆线部分区段阻塞，列车迂回运输，并采用备用的内燃机车执行牵引任务。假设电气化双线铁路行驶速度为 160 千米/小时，电气化单线铁路行驶速度为 80 千米/小时，非电气化双线行驶速度为 100 千米/小时，非电气化单线铁

铁路网抗毁性分析

路行驶速度为 50 千米/小时。在本案例中,选取沪昆线的旅行时间的变化值确定 f 值,取 f=4。

在本案例中,对于铁路物理网选取网络效率和营业里程可达性对其进行评估,对于铁路运输网,选取旅行时间可达性对其业务有效性进行评估。在整个雨雪冰冻灾害过程中,经历了电力设备受损、电力机车无法牵引、业务中断、调配内燃机车、代替电力机车完成牵引等过程,分析其原因是可用载运工具的严重不足导致。业务的有效与否,与是否有可用载运工具有关。由于评估目标侧重于业务有效性方面,在不影响问题本质的前提下,本案例将整个影响过程根据可用载运工具的情况分为两个阶段:对于第一阶段,供电中断,导致京广线、沪昆线部分区段阻塞,列车迂回运输,但线路上备用的内燃机车严重不足,将此场景模拟为区段怀化到株洲、株洲到向塘西、株洲到衡阳、衡阳到韶关业务中断,京广、沪昆线路其余区段以内燃机车牵引完成运输任务,用场景 A 表示;对于第二阶段,铁路部门从各铁路局调集大量内燃机车投入供电线路受损区段,中断线路恢复通车,假设此时内燃机车能够满足运输需求,用场景 B 表示。针对恢复过程中的两个阶段,分别从铁路物理网络和运输网络两个方面进行评估分析。

二、铁路物理网评估分析

对于上文中提到的整个恢复过程中的两个阶段,分别构建拓扑结构网络,运用网络效率和基于营业里程的可达性指标进行分析。

(一)基于网络效率的铁路物理网抗毁性评估

以铁路网示意图为基础,根据式(5-2),计算在正常情况下铁路网的网络效率为 0.0175,在第一阶段,根据式(5-1)计算得到铁路网的网络效率为 0.0171,与正常情况下的网络效率值相比,其值变化不大,其原因是铁路网受到雨雪冰冻灾害,电力设备受损,但是铁路网的连通性是良好的。在第二阶段,根据式(5-1)计算得到的铁路网网络效率为 0.0175,其网络效率值与正常状况下的网络效率值一样,其原因也是节点间的最短路径的长度没有发生变化。

对两个阶段的网络效率值归一化,由式(5-3)得到两个阶段的网络效率都接近于1。从计算结果可以看出,运用网络效率指标不能反映网络业务功能的抗毁性能,虽然铁路物理网的连通性是良好的,但在雨雪冰冻灾害发生后,铁路网的部分业务中断,对铁路网的业务功能造成了一定的影响。

(二)基于营业里程可达性的铁路物理网抗毁性评估

根据式(5-4)至式(5-10),以铁路网示意图为基础,计算了基于营业里程的铁路网网络可达性,其计算结果如图5-4所示。

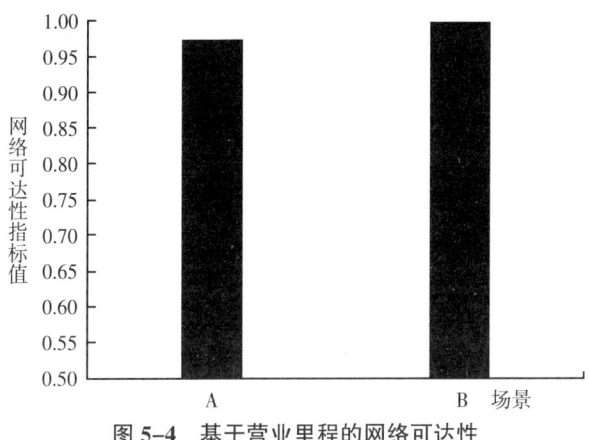

图5-4 基于营业里程的网络可达性

从图5-4可以看出,在场景B中,基于距离测度的可达性指标值为1,其主要原因是,发生雨雪冰冻灾害后,铁路网的拓扑结构没有发生变化,连通性也没有发生变化,受损的是电力设备损坏造成的业务中断。

以铁路网示意图、区域划分和区域之间客货流量为基础,本文又计算了基于营业里程的区域可达性,分析各个区域之间在恢复过程中的变化情况,其计算结果如图5-5所示。

可以看出,在第一阶段和第二阶段,各个区域间的可达性接近1,究其原因是雨雪冰冻灾害对铁路网的连通性造成的影响不大。

铁路网抗毁性分析

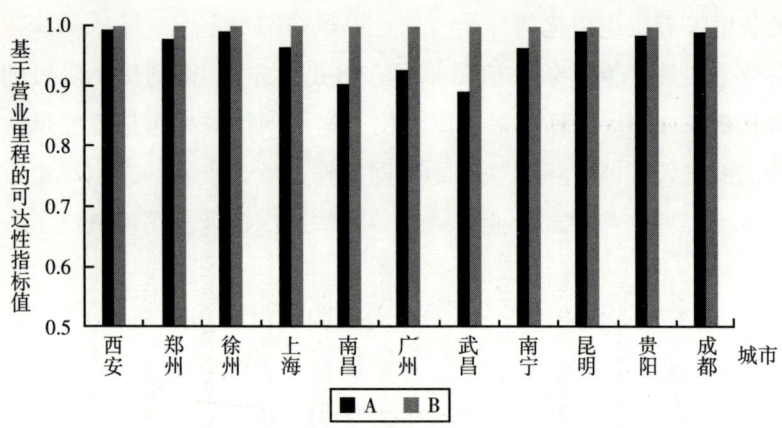

图 5-5　基于营业里程的区域可达性

三、铁路运输网评估分析

对于上文中提到的整个恢复过程中的两个阶段,选取基于旅行时间的可达性评估指标进行分析:

根据式(5-11)和式(5-12),在不考虑网络能力的情况下,得出路网的可达性指标值,如图 5-6 所示。

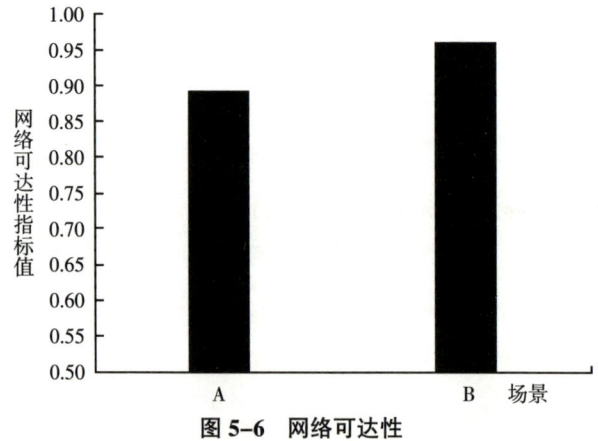

图 5-6　网络可达性

在区域的可达性指标值计算方面，以铁路网示意图、区域划分和区域之间客货流量为基础，根据公式（5-13）~式（5-15），得出区域可达性指标值，其结果如图 5-7 所示。

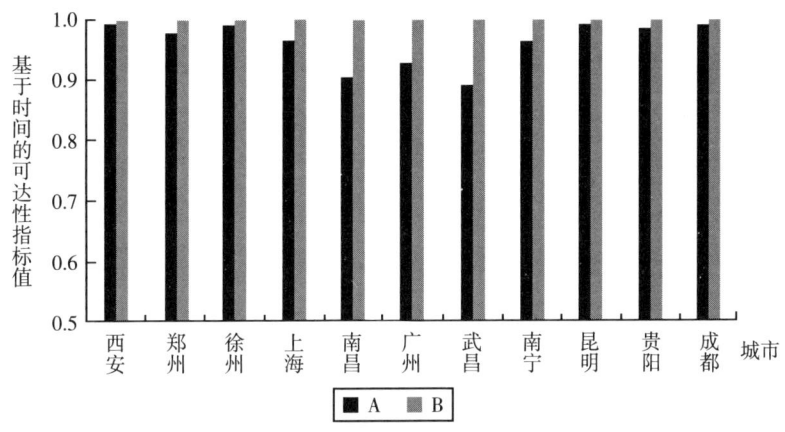

图 5-7 基于时间测度的区域可达性

可以看出，基于旅行时间测度的区域可达性指标计算结果显示，在 A 场景下，广州、武汉地区的可达性指标值降低较大，但是南方雪灾对成都、西安、徐州、郑州等地区的影响不大，其可达性指标值降低较少。在 B 场景下，铁路部门通过调配大量内燃机车，能够使广州、武汉地区的可达性有较大的恢复。

通过雨雪冰冻灾害实例分析，得出从铁路物理网和铁路运输网两个方面能够较全面、合理地对铁路网系统进行评估，以突发事件发生前后网络性能变化的思路量化的指标能够反映铁路网的抗毁性能所提出的指标的评估值与实际情况相符。

第六章 突发事件下铁路物理网修复方案研究

本章阐述了突发事件下铁路网关键节点和关键边的定义，分析了其影响因素，提出了考虑网络拓扑结构和客、货运输需求量因素的评估指标，并提出通过以节点或边被修复后对网络性能的贡献角度来识别铁路网系统中的关键节点或关键边的方法，最后给出铁路物理网的修复时序方案。

第一节 铁路物理网的关键节点和关键边

一、关键节点和关键边的定义

对于铁路网来说，均衡性的网络是最优的网络，网络均衡的概念涉及两个方面：一是资源分布均衡；二是网络节点的重要程度分配的均衡。均衡性好的网络，其网络负荷分布均匀，且网络中某个节点发生故障对网络性能影响相对较小，网络的性能更好。由于地区间运输需求的不均衡，导致铁路网上资源配置的不均衡，所以铁路网是不均衡网络。特别是对于突发事件发生后，铁路网节点间的突发需求量大，运输需求非常不均衡，存在着关键节点和关键边，其在铁路网的组织、控制和管理方面起着重要的作用。

铁路网的关键节点是指在铁路网中,对维持或恢复铁路网正常功能起重要作用的节点。同样地,铁路网关键边是指在铁路网中,对维持或恢复铁路网正常功能起重要作用的边。在正常情况下,铁路网的关键节点和关键边在维持铁路网功能中起重要作用,突发事件并不是影响铁路网上的所有节点或边,而是影响铁路网上的一部分节点或边,然后此部分节点的失效会传播,进而影响网络上的其他节点或边,如果这些节点或边属于网络上的关键点或边,可能会直接影响到系统的关键服务以及整个系统功能。在突发事件发生后,铁路网的关键节点和关键边在恢复铁路网功能中起重要作用,通过对铁路网受损节点或边修复,能够使铁路网性能有较大的提升,则此节点就是关键节点,此边就是关键边。所以突发事件发生后,一个较好的方法是能够迅速、可靠地识别系统的关键节点或边,有针对性地采取一定的措施修复关键节点或边,尽快恢复系统的运输服务能力,提高系统的抗毁性能。

二、影响因素分析

一般情况下,既有研究都是从网络拓扑结构角度分析网络的关键节点或关键边,把节点度、介数等指标作为衡量关键节点或边的重要性标准。仅从网络拓扑结构角度分析关键节点和关键边,未免会有一定的片面性,需要从网络整体上考虑。特别是对于铁路网来说,铁路网是有特定功能的输送网络,节点和边的重要性更多地表现在网络所提供的业务功能方面,即运输需求的满足程度。当网络受损时,优先修复运输量比较大的节点或边,会使网络的功能得到很大的提升。因此,网络拓扑结构和运输需求量对关键节点及关键边的判定有很大的影响,在其识别时需要考虑这两方面的因素。

三、关键节点和关键边识别思路

目前,对网络节点的重要性的测度指标主要有两类:一是节点局部连

第六章 突发事件下铁路物理网修复方案研究

接属性测度；二是节点全局位置属性测度。前者测度中典型的指标是节点的度和节点的聚集系数；后者测度的典型指标是介数和以平均最短径路减少量、不连通分支数、生成树的数目等为基础的复合指标。关键节点的识别和判定在通信网络中研究的比较多，沈珍瑶（2003）提出一种基于节点吞吐量的价值函数来评价关键节点，即节点容量等于与节点直接相连链路的总容量。此方法可以方便地计算得出各节点的容量，并通过比较得出关键节点。

现有的一些识别方法，或只是分别适用于节点或边，或是没有考虑实际网络系统的特征，仅由图论或复杂网络的基本统计指标进行评价，然后排序识别。由第一章的内容可知，铁路网可以分为铁路物理网和铁路运输网，铁路物理网是从网络拓扑结构角度抽象，铁路运输网是从业务功能角度抽象，关键节点和关键边应该与网络拓扑结构和业务功能都相关，若完全忽略铁路网系统的业务功能特点，仅根据铁路网拓扑结构的基本统计特征指标考察铁路网系统中节点与边的重要性，存在研究的片面性问题，不能反映节点或边在铁路系统业务性能中的重要程度，只能反映其在网络结构中的重要性。此外，现有的识别方法都是在正常情况下对网络节点或边的识别，考虑的是节点或边失效后网络性能的变化，其不能适用于突发事件发生后的情况，突发事件下铁路网的关键节点或关键边应该与网络的恢复性有关，即应该从节点或边被修复后对网络性能的改善方面进行评估。

综上所述，对铁路网系统中关键节点和关键边的识别方法，应采用能够体现该节点或边被修复后对铁路网系统性能提高较大的综合性特征指标。本章在采用前文所建立的铁路网网络模型的基础上，定义了与铁路运输需求优先等级和运输需求量有关的指标，通过突发事件下修复该节点或边给网络性能带来的影响大小进行其重要性的比较，以考察受损节点或边在铁路网系统中的地位，从而识别出铁路网系统中的关键节点和关键边。

铁路网抗毁性分析

第二节 关键节点和关键边判定指标

关键节点和关键边的识别是在从铁路网受损的节点和边的集合中，根据节点或边被修复后对网络功能的贡献程度排序，对网络性能贡献程度越大，节点或边的重要性越大，在网络中起的作用越关键。

铁路物理网可以用一个有向图 $G^p = (V^p, E^p)$ 表示。式中，V^p 为顶点集，$V^p = \{v_1^p, v_2^p, \cdots, v_{n^p}^p\}$；$n^p$ 为铁路物理网中顶点的个数；V_{une}^p 为突发事件发生后，失效节点的集合；E^p 为边集，$E^p = \{e_1^p, e_2^p, \cdots, e_{m^p}^p\}$；$m^p$ 为铁路物理网中边的个数；E_{une}^p 为突发事件发生后，失效边的集合；U^p 为铁路运输网中节点对的集合，$U^p = \{u_{s,t}^p = (v_s^p, v_t^p) | v_s^p \in V^p, v_t^p \in V^p, v_s^p \neq v_t^p, s \leq n^p, t \leq m^p\}$；$d_{s,t}^p$ 为节点对 (v_s^p, v_t^p) 间运输需求量；由节点对间运输需求量 $d_{s,t}^p \geq 0$ 组成的集合用 D^p；对于集合 D^p 中的 $d_{s,t}^p$，确定从源点 v_s^p 到终点 v_t^p 合理的运输径路 $p_{s,t}^p$，由所有确定的运输径路组成的集合为 P^p。c_{st} 代表铁路网上源节点 $v_s \in V^p$ 到目的节点 $v_t \in V^p$ 之间的运输径路的广义费用，其可以用距离或时间等参量计算得到。

定义 1 突发事件后，铁路网受损节点 $v_k \in V_{une}^p$ 被修复后，从源节点 $v_s \in V^p$ 到目的节点 $v_t \in V^p$ 运输径路广义费用的变化值 $\Delta c_{st}^{(v_k)}$ 为节点 $v_k \in V_{une}^p$ 被修复前运输径路的广义费用 $c_{st}^{(0)}$ 减去节点 $v_k \in V_{une}^p$ 被修复后运输径路的广义费用 $c_{st}^{(v_k)}$。

$$\Delta c_{st}^{(v_k)} = \begin{cases} c_{st}^{(0)} - c_{st}^{(v_k)} & c_{st}^{(0)} \neq \infty \quad c_{st}^{(v_k)} \neq \infty \\ 0 \end{cases} \quad (6-1)$$

定义 2 突发事件后，铁路网受损边 $e_k \in E_{une}^p$ 被修复后，从源节点 $v_s \in$

第六章 突发事件下铁路物理网修复方案研究

V^p 到目的节点 $v_t \in V^p$ 运输径路广义费用的变化值 $\Delta c_{st}^{(e_k)}$ 为边 $e_k \in E_{une}^p$ 被修复前运输径路的广义费用 $c_{st}^{(0)}$ 减去被修复后运输径路的广义费用 $c_{st}^{(e_k)}$。

$$\Delta c_{st}^{(e_k)} = \begin{cases} c_{st}^{(0)} - c_{st}^{(e_k)} & c_{st}^{(0)} \neq \infty \quad c_{st}^{(e_k)} \neq \infty \\ 0 & \end{cases} \tag{6-2}$$

定义1和定义2给出了节点或边被修复后，单个运输径路的广义费用的变化值，广义费用变化值越大，则该节点或边越重要。对于整个网络来说，节点和边的重要性定义如下：

定义3 突发事件后，铁路网受损节点 $v_k \in V_{une}^p$ 的重要度 $I'_{path}(v_k)$ 以该节点被修复后，网络上所有径路的广义费用的变化值之和度量，则：

$$I'_{path}(v_k) = \sum_{v_s \in V^p} \sum_{v_t \in V^p, v_t \neq v_s} \Delta c_{st}^{(v_k)} \tag{6-3}$$

定义4 突发事件后，铁路网受损边 $e_k \in E_{une}^p$ 的重要度 $I'_{path}(e_k)$ 以该条边被修复后，网络上所有径路的广义费用的变化值之和度量，则：

$$I'_{path}(e_k) = \sum_{v_s \in V^p} \sum_{v_t \in V^p, v_t \neq v_s} \Delta c_{st}^{(e_k)} \tag{6-4}$$

由于在突发事件下，铁路网上各个节点的运输需求是有优先等级的，旅客运输优先级大于货物运输优先级，有些节点对之间的货物是紧缺货物，必须及时送达，其优先级较高，在关键节点和关键边的识别过程中需要考虑客、货流的优先等级。考虑运输需求优先等级的重要度定义如下：

定义5 突发事件后，考虑运输需求优先等级的铁路网受损节点 $e_k \in E_{une}^p$ 的重要度 $I''_{path}(v_k)$ 为：

$$I''_{path}(v_k) = \frac{\sum_{v_s \in V^p} \sum_{v_t \in V^p, v_t \neq v_s} w_{st}^p \Delta c_{st}^{(v_k)}}{\sum_{v_s \in V^p} \sum_{v_t \in V^p, v_t \neq v_s} w_{st}^p} \tag{6-5}$$

式中，w_{st}^p 代表源节点 $v_s \in V^p$ 和目的节点 $v_t \in V^p$ 间的运输需求的优先等级。

定义6 突发事件后，考虑运输需求优先等级的铁路网受损线路 $e_k \in$

E_{une}^p 的重要度 $I_{path}''(e_k)$ 为：

$$I_{path}''(e_k) = \frac{\sum_{v_s \in V^p} \sum_{v_t \in V^p, v_t \neq v_s} w_{st}^p \Delta c_{st}^{(e_k)}}{\sum_{v_s \in V^p} \sum_{v_t \in V^p, v_t \neq v_s} w_{st}^p} \tag{6-6}$$

由于运输量在铁路网关键节点识别中也有重要作用，在关键节点和关键边的识别过程中需要考虑。现有基于运输量的标定以正常状态下线路上运输的货物或旅客运输量的大小为依据。突发事件影响下，铁路网上节点或边失效时，节点间的运输需求量或运输径路都会发生变化，已有研究不适用与此情况下关键节点或边的识别。论文将节点间运输需求量的大小作为衡量关键节点的重要因素，在重要性测度指标中予以体现，其节点和边的重要度定义如下：

定义7 突发事件后，考虑运输需求量的铁路网受损节点 $v_k \in V_{une}^p$ 的重要度 $I_{path}'''(v_k)$ 为：

$$I_{path}'''(v_k) = \frac{\sum_{v_s \in V^p} \sum_{v_t \in V^p, v_t \neq v_s} w_{st}^p d_{st}^p \Delta c_{st}^{(v_k)}}{\sum_{v_s \in V^p} \sum_{v_t \in V^p, v_t \neq v_s} w_{st}^p d_{st}^p} \tag{6-7}$$

式中，d_{st}^p 代表源节点 $v_s \in V^p$ 和目的节点 $v_t \in V^p$ 间的运输需求量。

定义8 突发事件后，考虑运输需求量的铁路网受损边 $e_k \in E_{une}^p$ 的重要度 $I_{path}'''(e_k)$ 为：

$$I_{path}'''(e_k) = \frac{\sum_{v_s \in V^p} \sum_{v_t \in V^p, v_t \neq v_s} w_{st}^p d_{st}^p \Delta c_{st}^{(e_k)}}{\sum_{v_s \in V^p} \sum_{v_t \in V^p, v_t \neq v_s} w_{st}^p d_{st}^p} \tag{6-8}$$

铁路网系统发生突发事件后，有时会出现某些节点与其余节点之间不连通，由此造成这些节点与其余节点间的运输径路中断，运输需求不能满足，如果某受损节点或边被修复，能够使中断的运输径路恢复，其对网络的贡献很大。为了能够表征此情况，我们引入变量 $u_{st}^{(e)}$，代表铁路网上受损节点和边的集合 $X_{une}^p = V_{une}^p \cup E_{une}^p$ 中，受损节点或边被修复后，节点对

第六章　突发事件下铁路物理网修复方案研究

(v_s^p, v_t^p) 的路径上恢复的运输量。由于运输径路的恢复，在一定时间内该节点对间运输需求量能够得到满足，因此此处以节点对 (v_s^p, v_t^p) 的运输需求量 d_{st}^p 为其测度。

定义 9　突发事件后，铁路网受损节点 $v_k \in V_{une}^p$ 被修复后，使从源节点 $v_s \in V^p$ 到目的节点 $v_t \in V^p$ 恢复的运输量 $u_{st}^{(v_k)}$ 为：

$$u_{st}^{(v_k)} = \begin{cases} d_{st}^p & c_{st}^{(0)} = \infty \quad c_{st}^{(v_k)} \neq \infty \\ 0 & \end{cases} \tag{6-9}$$

式中，d_{st}^p 代表受损节点 $v_k \in V_{une}^p$ 被修复后，源节点 $v_s \in V^p$ 和目的节点 $v_t \in V^p$ 间的运输需求量。

定义 10　突发事件后，铁路网受损边 $e_k \in E_{une}^p$ 被修复后，从源节点 $v_s \in V^p$ 到目的节点 $v_t \in V^p$ 恢复的运输量 $u_{st}^{(e_k)}$ 为：

$$u_{st}^{(e_k)} = \begin{cases} d_{st}^p & c_{st}^{(0)} = \infty \quad c_{st}^{(e_k)} \neq \infty \\ 0 & \end{cases} \tag{6-10}$$

定义 11　突发事件后，铁路网受损节点 $v_k \in V_{une}^p$ 被修复后，恢复运输量与受损节点 $v_k \in V_{une}^p$ 被修复前网络总运输需求量的比定义为铁路网受损节点 $v_k \in V_{une}^p$ 的重要度 $I'_{uns}(v_k)$ 为：

$$I'_{uns}(v_k) = \frac{\sum_{v_s \in V^p} \sum_{v_t \in V^p, v_t \neq v_s} u_{st}^{(v_k)}}{\sum_{v_s \in V^p} \sum_{v_t \in V^p, v_t \neq v_s} d_{st}^p} \tag{6-11}$$

式中，d_{st}^p 代表受损节点 $v_k \in V_{une}^p$ 被修复前，源节点 $v_s \in V^p$ 和目的节点 $v_t \in V^p$ 间的运输需求量。

定义 12　突发事件后，铁路网受损边 $e_k \in E_{une}^p$ 被修复后，恢复运输量与受损边 $e_k \in E_{une}^p$ 被修复前网络总运输需求量的比定义为铁路网受损边 $e_k \in E_{une}^p$ 的重要度 $I'_{uns}(e_k)$ 为：

$$I'_{uns}(e_k) = \frac{\sum\limits_{v_s \in V^p} \sum\limits_{v_t \in V^p, v_t \neq v_s} u_{st}^{(e_k)}}{\sum\limits_{v_s \in V^p} \sum\limits_{v_t \in V^p, v_t \neq v_s} d_{st}^p} \tag{6-12}$$

同样地,在关键节点和关键边的识别过程中需要考虑运输需求的优先等级。考虑运输需求优先等级的重要度定义如下:

定义 13 突发事件后,铁路网受损节点 $v_k \in V_{une}^p$ 被修复后,考虑运输需求优先级的铁路网受损节点 $v_k \in V_{une}^p$ 的重要度 $I''_{uns}(v_k)$ 为:

$$I''_{uns}(v_k) = \frac{\sum\limits_{v_s \in V^p} \sum\limits_{v_t \in V^p, v_t \neq v_s} w_{st}^p u_{st}^{(v_k)}}{\sum\limits_{v_s \in V^p} \sum\limits_{v_t \in V^p, v_t \neq v_s} w_{st}^p d_{st}^p} \tag{6-13}$$

定义 14 突发事件后,铁路网受损边 $e_k \in E_{une}^p$ 被修复后,考虑运输需求优先级的铁路网受损边 $e_k \in E_{une}^p$ 的重要度 $I''_{uns}(e_k)$ 为:

$$I''_{uns}(e_k) = \frac{\sum\limits_{v_s \in V^p} \sum\limits_{v_t \in V^p, v_t \neq v_s} w_{st}^p u_{st}^{(e_k)}}{\sum\limits_{v_s \in V^p} \sum\limits_{v_t \in V^p, v_t \neq v_s} w_{st}^p d_{st}^p} \tag{6-14}$$

由于在突发事件发生后,关键节点的判定需要考虑节点间的流量和运输需求的优先级,因此选取的关键节点 $v_k \in V_{une}^p$ 和关键线路 $e_k \in E_{une}^p$ 的测度指标如下:

$$I_{path}(v_k) = \frac{\sum\limits_{v_s \in V^p} \sum\limits_{v_t \in V^p, v_t \neq v_s} w_{st}^p d_{st}^p \Delta c_{st}^{(v_k)}}{\sum\limits_{v_s \in V^p} \sum\limits_{v_t \in V^p, v_t \neq v_s} w_{st}^p d_{st}^p} \tag{6-15}$$

$$I_{uns}(v_k) = \frac{\sum\limits_{v_s \in V^p} \sum\limits_{v_t \in V^p, v_t \neq v_s} w_{st}^p u_{st}^{(v_k)}}{\sum\limits_{v_s \in V^p} \sum\limits_{v_t \in V^p, v_t \neq v_s} w_{st}^p d_{st}^p} \tag{6-16}$$

$$I_{path}(e_k) = \frac{\sum\limits_{v_s \in V^p} \sum\limits_{v_t \in V^p, v_t \neq v_s} w_{st}^p d_{st}^p \Delta c_{st}^{(e_k)}}{\sum\limits_{v_s \in V^p} \sum\limits_{v_t \in V^p, v_t \neq v_s} w_{st}^p d_{st}^p} \tag{6-17}$$

第六章 突发事件下铁路物理网修复方案研究

$$I_{uns}(e_k) = \frac{\sum_{v_s \in V^p} \sum_{v_t \in V^p, v_t \neq v_s} w_{st}^p u_{st}^{(e_k)}}{\sum_{v_s \in V^p} \sum_{v_t \in V^p, v_t \neq v_s} w_{st}^p d_{st}^p} \qquad (6-18)$$

第三节 关键节点和关键边的识别流程

突发事件发生后，假设铁路网网络状态可以被实时监控，网络上所有节点间运输需求量可以由统计数据和预测数据综合得出。其关键节点和边的识别步骤如下所示：

Step1 铁路拓扑网的构建。由于实际地域铁路网结构及其节点的链接关系相当复杂，为降低分析难度，采用图论的分析方法，构建铁路拓扑网络。根据此时实际的网络状态，确定 V_{une}^p 和 E_{une}^p 集合。

Step2 节点间需求量的分析与预测，确定集合 U^p 的元素，根据统计数据或预测数据获得节点对间的需求量 $d_{s,t}^p$，论文假设节点间的运输需求量为已知量，是关键节点或边的识别方法的输入。

Step3 运用最短路径算法，得出此状态下铁路网各个节点间的路径，并计算出运输径路的广义费用 $c_{st}^{(0)}$，当节点间没有运输路径时，设置其广义费用 $c_{st}^{(0)} = \infty$。

Step4 如果 V_{une}^p 和 E_{une}^p 都为空，则转 Step6；否则从集合 V_{une}^p 取一个元素 v_k 或 E_{une}^p 中取一个元素 e_k，在铁路拓扑网中，将其代表的节点或边连通，运用最短径路算法，得出此状态下铁路网各个节点间的径路，并计算出运输径路的广义费用值 $c_{st}^{(v_k)}$ 或 $c_{st}^{(e_k)}$。

Step5 根据式（6-15）至式（6-18），计算节点 v_k 的重要性测度指标值 $I_{path}(v_k)$、$I_{uns}(v_k)$ 或边 e_k 的重要性测度指标值 $I_{path}(e_k)$、$I_{uns}(e_k)$，从集合

V_{une}^p 或 E_{une}^p 中删除元素 v_k 或 e_k，转 Step4。

Step6 根据集合 V_{une}^p 和 E_{une}^p 中的元素 $I_{path}(v_k)$、$I_{uns}(v_k)$、$I_{path}(e_k)$、$I_{uns}(e_k)$ 值对其进行重要性排序，排序方法如下：

Step6.1 首先取 $I_{uns}(x_k) \neq 0$ 的节点，按 $I_{uns}(x_k)$ 值的大小排序，x_k 为集合 $X_{une}^p = V_{une}^p \cup E_{une}^p$ 中的元素，即 x_k 为 v_k 和 e_k 的统称。令 n'_x 为 $I_{uns}(x_k) \neq 0$ 的节点的个数，则有：

$$I_{uns}(x'_1) \geq I_{uns}(x'_2) \geq L \geq I_{uns}(x'_{n'_x}) \tag{6-19}$$

Step6.2 取 $I_{uns}(x_k) = 0$ 的节点，按 $I_{path}(x_k)$ 值的大小排序，令 n''_x 为 $I_{uns}(x_k) = 0$ 的节点的个数，则有：

$$I_{path}(x''_1) \geq I_{path}(x''_2) \geq L \geq I_{path}(x''_{n''_x}) \tag{6-20}$$

Step6.3 由于恢复铁路网中中断的运输径路对网络的贡献比减少运输径路的广义费用的贡献大，因此，X_{une}^p 中节点或边的重要性以 $I_{uns}(\cdot)$ 为主，当 $I_{uns}(\cdot)$ 为 0 时，采用 $I_{path}(\cdot)$ 排序，用 $I(\cdot)$ 代表节点和边的重要程度，则排序结果如下：

$$I(x'_1) \geq I(x'_2) \geq L \geq I(x'_{n'_x}) \geq I(x''_1) \geq I(x''_2) \geq L \geq I(x''_{n''_x}) \tag{6-21}$$

Step6.4 算法结束。

第四节 铁路物理网修复时序方案

发生突发事件后，造成网络中一些节点失效，网络上有序的状态被打乱，在节点修复措施和调度调整的作用下，系统恢复到正常稳定的状态，这个过程实际上是一个状态跃迁的过程。令这个过程中状态的集合为 $S = \{s_1, s_2, s_3, \cdots, s_K\}$，$K$ 为整个过程中系统跃迁的状态的个数，在状态 $s_k \in S$ 确定网络的状态和进行关键节点和边识别的元素集合，通过上文的测

第六章 突发事件下铁路物理网修复方案研究

度指标和识别流程，对集合中的节点和边的重要性排序，选取在状态 $s_k \in S$ 下，可修复的重要度最大的元素为在该状态下的要修复节点或边。当重要度最大的节点或边，由于网络不连通的原因，救援队无法进行修复，在此种情况下，需要选取重要度次大的元素。此外，在状态 $s_k \in S$ 下同时可修复节点或边的个数由救援队的救援能力所决定。

在整个修复的过程中，各个状态的修复元素的顺序构成了铁路网修复的时序方案。具体流程如图 6-1 所示。

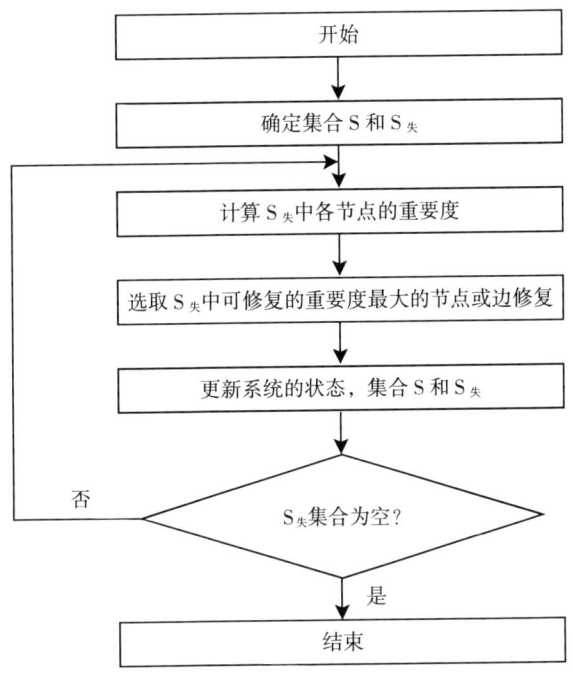

图 6-1　铁路物理网修复时序方案编制流程

铁路网抗毁性分析

第五节 算例分析

本算例选取某区域局部铁路网，对上文提出的关键节点和关键边的测度指标和识别方法进行验证。此局部铁路网有 A、B、C、D、E、F 共 6 个节点和 8 个区间，节点之间的线路长度如图 6-2 所示。

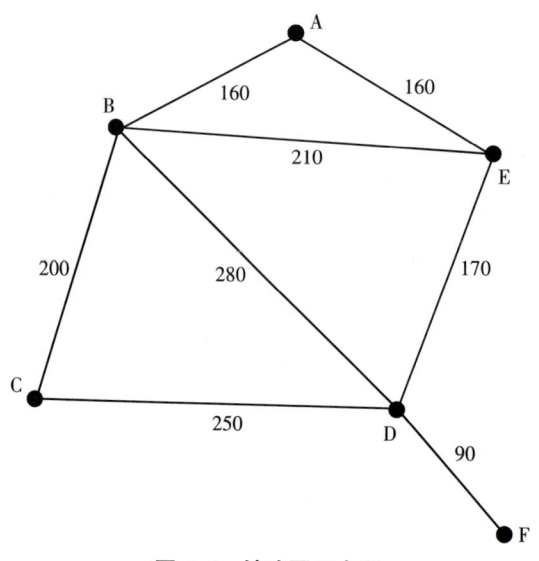

图 6-2 铁路网示意图

突发事件发生后，线路 B-E、线路 B-C、线路 D-F 受损，假设在突发事件影响下，此区域铁路网上运输的货物的优先等级分为三类：紧缺货物、重要货物、普通货物，紧缺货物权值设置为 3，重要货物权值设置为 2，普通货物权值设置为 1。各节点间的运输需求量和运输需求优先级如表 6-1 所示。

第六章 突发事件下铁路物理网修复方案研究

表6-1 运输需求量和优先级

节点	A	B	C	D	E	F
A	—	8（1）	10（2）	7（1）	5（1）	16（2）
B	3（1）	—	8（1）	7（1）	10（2）	9（1）
C	9（1）	7（1）	—	5（1）	10（1）	12（3）
D	12（2）	9（1）	7（1）	—	9（1）	7（1）
E	8（1）	7（1）	8（1）	12（2）	—	12（1）
F	10（2）	8（1）	12（1）	12（3）	9（1）	—

注：括号内为运输需求的优先级，括号外为运输需求量，单位为车。

根据上文提出的识别方法，通过式（6-15）和式（6-17）可以计算得出受损线路B-C、线路B-E、线路D-F分别被恢复后的网络运输径路广义费用变化评估结果，具体结果如表6-2所示。

表6-2 受损线路的 $I'''_{path}(\cdot)$ 值

线路	B-C	B-E	D-F
$I'''_{path}(e_k)$	7.69	29.8	∞

根据上文提出的识别方法，通过式（6-16）和式（6-18）可以计算得出受损线路B-C、线路B-E、线路D-F分别被恢复后，恢复的运输量的评估结果，具体结果如表6-3所示。

表6-3 受损线路的 $I''_{uns}(\cdot)$ 值

线路	B-C	B-E	D-F
$I''_{uns}(e_k)$	0	0	0.4689

由上文的识别流程可知，受损线路B-C、线路B-E、线路D-F的重要度排序为：

$I(D-F) \geqslant I(B-E) \geqslant I(B-C)$

由铁路网示意图可知，受损线路都是在救援人员和救援设备可达处，因此，先修复受损线路D-F。

假设，线路D-F被修复后，各节点间的运输需求量和运输需求的等级不变,则根据上文提出的识别方法,通过式(6-15)和式(6-17)可以计算得出,受损线路B-C、线路B-E分别被恢复后,网络运输径路广义费用的变化和增加的运输量的评估结果,具体结果如表6-4所示。

表6-4 线路D-F修复后,未修复的受损线路的$I'''_{path}(\cdot)$和$I'''_{uns}(\cdot)$值

线路	B-C	B-E
$I'''_{path}(e_k)$	11.36	23.59
$I'''_{uns}(e_k)$	0	0

由上文的识别流程可知,受损线路B-C、线路B-E的重要度排序为:
$$I(B-E) \geqslant I(B-C)$$

由铁路网示意图可知,受损线路都是在救援人员和救援设备可达处,因此,先修复受损线路B-C,然后再修复受损线路B-E。因此,突发事件后,铁路网受损线路的修复时序方案为线路D-F、线路B-E、线路B-C。

再者,计算了图6-2所示网络的各条边的介数,其结果如表6-5所示。

表6-5 边的介数值

网络边	A-B	A-E	B-E	B-C	B-D	C-D	D-E	D-F
介数值	0.0667	0.1	0.667	0.1	0.667	0.667	0.1	0.133

从表6-5可以看出,受损线路B-C、线路B-E、线路D-F的重要度排序为:
$$I(D-F) \geqslant I(B-C) \geqslant I(B-E)$$

运用基于介数的重要性判定指标与本书提出的判定指标计算的排序结果不同,因为不同的指标是从不同的角度反映同一问题。从指标的计算原理看,基于介数的重要性判定方法是基于"重要性等于显著性"的思路建立的,只是从网络拓扑结构的角度进行分析。本书提出的指标判定方法,是基于"节点修复后对网络功能的影响"的思路建立的,与基于介数的判定方法相比,其考虑运输需求优先等级和运输需求量,与突发事件发生后,优先恢复运输大通道和大动脉的思路是一致的。因此,在研究如何识别突发事件下铁路网关键节点或边的问题时,提出的方法具有一定的优越性。

第七章 突发事件下铁路客货流疏解方案研究

铁路客、货流疏解方案在铁路客、货流疏解过程中具有重要作用，其方案编制的好坏，对提高铁路应急处理水平具有十分重要的意义。

本章首先对突发事件下铁路客、货流疏解方案编制问题的特点进行分析，将其分为铁路客流疏解方案编制问题和货流疏解方案编制问题。针对突发事件下铁路客流疏解方案编制问题，研究了其突发事件下旅客输送径路的优化方法。针对突发事件下铁路货流疏解方案编制问题，研究了其疏解方案的编制模型，根据模型的特点，设计了一种快速、有效的求解方法。研究突发事件下铁路客流疏解方案和货流疏解方案的编制问题能够为突发事件下铁路应急保障预案制订提供参考依据。

第一节 突发事件下铁路客货流疏解方案编制问题

突发事件下铁路客、货流疏解方案编制与正常情况下铁路运输计划编制有很大的不同，如突发事件下铁路客、货流疏解方案编制问题具有针对性、弱经济性、时效性、多目标性和动态性等特点，尤其是在路网条件下，其影响因素多、规模大，问题变得非常复杂。因此，需要对突发事件

| 铁路网抗毁性分析

下铁路客、货流疏解方案编制问题进行研究,界定问题的边界,分析问题的多目标性和动态性。

一、突发事件下铁路客货流疏解方案编制问题分析与界定

突发事件下铁路客、货流疏解方案编制问题是在突发事件发生后,研究如何通过可用资源的优化配置,将旅客和应急货物快速、有效地运送到目的地,其目标是追求时间效益最大化和灾难损失最小化。铁路客、货流疏解的实现,意味着铁路运输秩序得以恢复,旅客和货物的紧急运输需求得以满足,疏解的启动在于调整运输活动的秩序。

铁路运输网分为铁路旅客运输网和铁路货物运输网,由输送旅客的业务所形成的网络叫铁路旅客运输网,由输送货物的业务所形成的网络叫铁路货物运输网。根据铁路运输网的分类方法,铁路客、货流疏解方案可以分为客流疏解方案和货流疏解方案。由于在应急过程中,人的优先级比较高,先要保证人的运输需求,因此在突发事件发生后先编制客流疏解方案,然后再编制货流疏解方案。

突发事件下铁路客、货流疏解方案编制问题是铁路运营管理过程中非常重要的一类问题。其突出特点表现在以下几个方面:

(1)问题规模大。由于我国路网规模大,运营条件复杂,当发生突发事件后,受影响的区域将会很大。再者,如果在问题的研究中考虑时间因素,则问题的规模将会超过既有研究。

(2)问题复杂。突发事件发生后,运输径路动态变化和旅客、货物运输需求的不确定性,增加了问题的复杂性。

根据突发事件下铁路客、货流疏解问题的特点,本书对其做如下界定:

(1)假设突发事件发生后,铁路网系统中设施和设备的受损、失效信息能够快速反馈给疏解方案编制部门。

(2)铁路客、货流疏解方案编制的依据是网络上节点间的客、货流量,假设突发事件发生后节点间运输的客、货流量是可以预测的,是确定值。

第七章　突发事件下铁路客货流疏解方案研究

二、突发事件下铁路客货流疏解方案编制的多目标性

突发事件发生后，先编制客流疏解方案，解决旅客的应急运输问题，然后编制货流疏解方案，解决紧缺货物的应急运输问题。虽然两者在编制上有先后顺序，并且解决的问题不同，但在编制疏解方案时遵循一些共同的目标原则，最大化运输需求和载运工具效率等，具体如下：

（1）提高需求满足程度。突发事件发生后，铁路旅客运输表现为客流大、来势猛，多种客流相互叠加，呈现出客流结构、客流地区分布、流向上不均衡现象等，需要快速将旅客疏散，防止旅客滞留在车站。对于货物运输来说，运输的货物多是抢险救灾之用，时关全局，其运输速度的快慢直接决定了突发事件所造成危害的强弱，需要根据优先等级先后将其运输到目的地，尽快满足紧缺、重要货物的运输需求。

（2）提高运载工具效率。突发事件发生后，滞留旅客和大量的应急货物应该在极短的时间内快速运送到目的地，但载运工具的数量是有限的，应根据优先等级合理调拨载运工具，提高载运工具的周转次数。

三、突发事件下铁路客货流疏解方案编制的动态性

突发事件下铁路客、货流疏解方案编制与很多因素有关，如路网的拓扑连通状态、可用资源的配置情况和客、货运输需求量变化情况等，这些因素具有不确定性，出现的情况复杂多变，要实时监控运输和保障之间的供求平衡，则要求疏解方案编制具有动态性。

首先，客、货流量是疏解方案编制的重要基础，突发事件发生后，铁路会产生突发的客、货流，其具有运输量大、方向集中的特点，并且客、货流量波动比较大，因此需要动态地编制铁路客、货流疏解方案；其次，突发事件发生后，铁路基础设施可能遭受到损坏，会中断部分线路的运输，通过采用迂回方式，优先满足旅客和紧急货物的运输，编制客流和货流疏解方案时考虑重要节点对之间运输能力的充分应用，并且需要动态调配车辆，提高车辆的利用率，应动态地编制铁路客、货流疏解方案；最

后，突发事件发生后，铁路网抗毁性描述的是发生灾害后铁路网的适应和恢复过程，这个过程可以分为 k 个阶段，在每个阶段，铁路物理网修复决策和客、货流疏解决策的制定与该阶段开始时的网络连通状态、运输需求量、可用活动资源的配置情况有关，并且编制的结果会影响下一阶段开始时的状态，铁路客、货流疏解方案的编制是一个连续、动态的过程。

第二节　突发事件下铁路旅客输送径路优化

突发事件条件下，铁路旅客运输环境将会变得极其恶劣，旅客输送条件与平时相比有着较大的差别，需要研究突发事件下铁路输送径路优化问题。突发事件下旅客输送径路涉及的因素较多，因此铁路旅客输送径路优化的思路是定量分析和定性分析相结合，即由 K 短路算法得到旅客列车运行的径路集，再根据路网突发旅客 OD 流量对路径进行评价，最终确定突发事件下铁路旅客列车运行径路。

一、问题的描述

在旅客运输过程中，地震、泥石流等自然灾害会使旅客运输径路受到破坏，造成旅客运输的中断，为了保证在突发事件下旅客运输的任务，需要根据节点间的需求量、输运网络的状况等，重新确定旅客输送的径路。输送径路的优化是为去向集中的大客流运输提供最佳的输送径路，它不仅与路网结构，而且与节点间运输需求、路网上节点和边的能力有关，即使最短径路也不一定是最佳或可行的。所以，仅求最短径路不能达到要求，还需要若干条次短径路，为突发事件下铁路客流疏解提供最佳可行的径路选择。有时，在指定突发事件下铁路客流疏解径路时，考虑到列车的周转次数，需要在一些输送径路中包含必经点，即含有必经点的旅客输送径路

第七章　突发事件下铁路客货流疏解方案研究

优化问题。

突发事件下铁路旅客输送径路优化问题的数学描述如下：旅客输送网络可以用一个有向图 $G^l = (V^l, E^l)$ 表示。式中，V^l 为顶点集，$V^l = \{v_1^l, v_2^l, \cdots, v_{n^l}^l\}$，$n^l$ 为铁路旅客运输网中顶点的个数；E^l 为边集，$E^l = \{e_1^l, e_2^l, \cdots, e_{m^l}^l\}$，$m^l$ 为铁路旅客运输网中边的个数。U^l 为铁路运输网中节点对的集合，$U^l = \{u_{s,t}^l = (v_s^l, v_t^l) | v_s^l \in V^l, v_t^l \in V^l, v_s^l \neq v_t^l, s \leq n^l, t \leq m^l\}$，$d_{s,t}^l$ 为节点对 (v_s^l, v_t^l) 间旅客运输需求量，由 $d_{s,t}^l \geq 0$ 的节点对运输需求量组成的集合用 D^l，铁路输送径路优化就是对于集合 D^l 的 $d_{s,t}^l$ 确定从源点 v_s^l 到终点 v_t^l 合理的旅客运输径路 $p_{s,t}^l$，其可用一个向量 $[v_s^l, v_{s+1}^l, \cdots, v_t^l]$ 表示，即 $p_{s,t}^l = [v_s^l, v_{s+1}^l, \cdots, v_t^l]$，$p_{s,t}^l$ 中元素排列顺序为从源点 v_s^l 到终点 v_t^l 依次经过的顶点的顺序，$N_{s,t}^l$ 代表输送径路 $p_{s,t}^l$ 的最大运输量，由所有确定的输送径路组成的集合为 P^l，由于旅客输送径路不一定是最短径路，因此需要确定从源点 v_s^l 到终点 v_t^l 的 K 短路径，进而筛选出合理径路，合理径路是指符合旅客运输作业特性的，其运输能力与节点间运输需求相匹配的合理可行的运输径路方案。从源点 v_s^l 到终点 v_t^l 的 K 短径路集合为 $P_{s,t}^l$，$P_{s,t}^l = \{p_{s,t}^l(1), p_{s,t}^l(2), \cdots, p_{s,t}^l(k)\}$，$N_{s,t}^l(k)$ 为第 k 条最短路的最大运输能力，则 $p_{s,t}^l \in P_{s,t}^l$ 代表从 k 条最短径路集合中筛选出较优输送径路方案。在旅客输送径路优化的过程中，由于考虑到旅客运输需求量和车辆周转次数的原因，需要在径路优化时必须使输送径路经过中间节点 v_k^l，v_k^l 是从源点 v_s^l 出发，到达目的节点 v_t^l 输送径路的必经点。必经点是指在旅客运输过程中，必须经过的车站节点，如一些重要的客流集散车站等。含有必经点的旅客输送径路可以表示为 $p_{s,t}^l = [v_s^l, v_{s+1}^l, \cdots, v_k^l, \cdots, v_t^l]$。

二、突发事件下铁路旅客输送径路优化方法

突发事件下铁路旅客输送径路与正常情况下旅客运输径路有很大的不同，铁路旅客输送径路考虑的是去向集中的大客流，具有时间紧迫性，其

铁路网抗毁性分析

优化方法可以分为构建旅客运输网、径路集生成、径路选择三个步骤。

(一) 构建旅客运输网

我国铁路运营条件复杂，若以整个铁路网为基础，确定客流疏解径路，其不可行径路会非常多，K 短路计算时 K 的取值必须非常大，才能保证筛选到合理的径路，势必会增加运算量，因此选择具有客运作业的站点和线路构建铁路旅客运输网络。同时，由于突发事件发生后，产生的客流量比较大，且方向比较集中，输送径路优化主要研究客流量大的车站之间的径路问题，因此在构建网络时，客流量小的车站可与附近的车站合并考虑。由于旅客运输流量激增，铁路旅客输送不再以旅客到站组织，而是以旅客去向进行组织，因此旅客输送网络上的节点选取以全国各省行政区划为基础，在每个省行政区划内选取 1~3 个旅客特等站或一等站，其余未被选择车站的旅客流以距离为依据合并到铁路运输网上较近的车站，采取集中输送。根据以上原则确定网络中的节点，然后确定网络中的边，重新构建铁路运输网 G^l。

(二) 确定输送径路的节点对集合 Q_p^p

根据构建的铁路运输网，确定区域内中心节点各去向的运输需求量，其为该区域内所有节点的该去向的运输需求量的总和。区域内各节点的各去向运输需求由统计或预测得到。取节点对间运输需求量大于 D_{od} 的所有节点对，将其加入到节点对集合 Q_p^p 中，对于相邻的两个节点对的运输量都大于 $0.5 \times D_{od}$ 并小于 D_{od}，则将其确定为含有必经点的节点对，将其加入到节点对集合 Q_p^p 中，D_{od} 由网络上各节点对间的运输需求量和网络上各节点的运输能力确定。

(三) K 短路算法

由于两点之间的最短径路并不一定是最优旅客输送径路，次短路、次次短路等多条径路组成的最优径路集，反而更有价值。K 短路算法是在某一确定的路网内，找出一站至另一站的依次最短的 K 条径路集。

K 短路算法基本思路是：假设计算出的最短径路上有 m_1 条边，逐条边

第七章 突发事件下铁路客货流疏解方案研究

删除,可找出 m_1 条次短径路集,比较 m_1 条径路,根据距离最短的原则,找出次短径路;次短径路上有 m_2 条边,逐条边删除,可找出 m_2 条较短径路集,比较($m_1 + m_2 - 1$)条径路,找出第 3 条径路,依次找出 k 条最短径路。

其数学模型如下:

由上文定义可知 $p_{s,t}^l(1)$,$p_{s,t}^l(2)$,…,$p_{s,t}^l(k)$ 依次为从源点 v_s^l 到终点 v_t^l 的最短路、次短路,…,第 k 条次短路。由 $p_{s,t}^l(1)$ 可以得到次短径路集 $P(2)$:

$$P(2) = \{p_{s,t,1}^l(2), p_{s,t,2}^l(2), \cdots, p_{s,t,m_1}^l(2)\} \tag{7-1}$$

则 $p_{s,t}^l(2)$ 在满足条件

$$l(p_{s,t}^l(2)) = \min\{l(p_{s,t,k}^l(2)) | p_{s,t,k}^l(2) \in P(2)\} \tag{7-2}$$

时为次短径路。上式中 $l(p_{s,t,k}^l(2))$ 代表运输径路 $p_{s,t,k}^l(2)$ 的距离。

在 $p_{s,t}^l(2)$ 的基础上,有次次短径路集 $P(3)$:

$$P(3) = \{p_{s,t,1}^l(3), p_{s,t,2}^l(3), \cdots, p_{s,t,m_2}^l(3)\} \tag{7-3}$$

令 $P'(3) = P(3) \cup P(2)$,则 $p_{s,t}^l(3)$ 在满足条件

$$l(p_{s,t}^l(3)) = \min\{l(p_{s,t,k}^l(3)) | p_{s,t,k}^l(3) \in P'(3), p_{s,t}^l(2) \notin P'(3)\} \tag{7-4}$$

时为第三条短径路。上式中 $l(p_{s,t,k}^l(3))$ 代表运输径路 $p_{s,t,k}^l(3)$ 的距离。依次循环 k-1 次,在计算出 P(k-1) 短径路的基础上,有 K 短路径集:

$$P(k) = \{p_{s,t,1}^l(k), p_{s,t,2}^l(k), \cdots, p_{s,t,m_{k-1}}^l(k)\} \tag{7-5}$$

式(7-5)中,m_{k-1} 为径路 $p_{s,t}^l(k)$ 中包含的边的个数,设 $P'(k) = P(k) \cup P'(k-1)$,则 $p_{s,t}^l(k)$ 在满足条件

$$l(p_{s,t}^l(k)) = \min\{l(p_{s,t,k}^l(k)) | p_{s,t,k}^l(k) \in P'(k), p_{s,t}^l(k) \notin P'(k)\} \tag{7-6}$$

时为第 k 条短径路。上式中 $l(p_{s,t,k}^l(k))$ 代表运输径路 $p_{s,t,k}^l(k)$ 的距离。由此可以得出从源点 v_s^l 到终点 v_t^l 的 k 条短径路集为:

$$p_{s,t}^l = \{p_{s,t}^l(1), p_{s,t}^l(2), \cdots, p_{s,t}^l(k)\} \tag{7-7}$$

含有必经点的 K 短路算法。

铁路网抗毁性分析

含有必经点的旅客输送径路优化问题,就是指从源点 v_s^l 出发,到达目的节点 v_t^l 且必须经过节点 v_k^l 的最优径路。

含有必经点的 k 短路问题的求解,采用将其转化为两个节点对间 k 短路问题求解,如从源点 v_s^l 出发,到达目的节点 v_t^l 且必须经过节点 v_k^l 的 k 短路问题,可以将其转化为分别求解节点对 (v_s^l, v_k^l) 和 (v_k^l, v_t^l) 的 k 短路,然后将 v_s^l 到 v_k^l 和 v_k^l 到 v_t^l 的径路组合,形成 v_s^l 到 v_t^l 的径路。具体算法如下:

Step1 找出确定的必经点 v_k^l,以必经点 v_k^l 为界,形成两个节点对 (v_s^l, v_k^l) 和 (v_k^l, v_t^l),分别计算两个节点对的 k 短径路,计算方法如上小节所示,节点对 (v_s^l, v_k^l) 的 k 短径路集 $P_{s,k}^l = \{p_{s,k}^l(1), p_{s,k}^l(2), \cdots, p_{s,k}^l(k)\}$,节点对 (v_k^l, v_t^l) 的 k 短径路集为:

$$P_{k,t}^l = \{p_{k,t}^l(1), p_{k,t}^l(2), \cdots, p_{k,t}^l(k)\} \tag{7-8}$$

Step2 将两个节点对 (v_s^l, v_k^l) 和 (v_k^l, v_t^l) 的径路组合,形成节点对 (v_s^l, v_t^l) 的径路,即径路集 $P_{s,k}^l$ 中和 $P_{k,t}^l$ 中的元素两两组合,共形成 k×k 个径路,即节点对 (v_s^l, v_t^l) 的径路集 $\bar{P}_{s,t}^l$,有:

$$\bar{p}_{s,t}^l(1) = p_{s,k}^l(1) \cup p_{k,t}^l(1) = [v_s^l, v_{s+1}^l, \cdots, v_k^l, \cdots, v_t^l] \tag{7-9}$$

$$\bar{p}_{s,t}^l(2) = p_{s,k}^l(1) \cup p_{k,t}^l(2) = [v_s^l, v_{s+1}^l, \cdots, v_k^l, \cdots, v_t^l] \tag{7-10}$$

依次循环 k - 1 次,对于 $p_{s,t}^l(k)$,有:

$$\bar{p}_{s,t}^l(k) = p_{s,k}^l(1) \cup p_{k,t}^l(k) = [v_s^l, v_{s+1}^l, \cdots, v_k^l, \cdots, v_t^l] \tag{7-11}$$

$$\bar{p}_{s,t}^l(k+1) = p_{s,k}^l(2) \cup p_{k,t}^l(2) = [v_s^l, v_{s+1}^l, \cdots, v_k^l, \cdots, v_t^l] \tag{7-12}$$

依次循环 2k - 1 次,对于 $p_{s,t}^l(2k)$,有:

$$\bar{p}_{s,t}^l(2k) = p_{s,k}^l(2) \cup p_{k,t}^l(k) = [v_s^l, v_{s+1}^l, \cdots, v_k^l, \cdots, v_t^l] \tag{7-13}$$

依次循环 k×k - 1 次,对于 $p_{s,t}^l(k×k)$,有:

$$\bar{p}_{s,t}^l(k×k) = p_{s,k}^l(k) \cup p_{k,t}^l(k) = [v_s^l, v_{s+1}^l, \cdots, v_k^l, \cdots, v_t^l] \tag{7-14}$$

则节点对 (v_s^l, v_t^l) 的径路集为 $\bar{P}_{s,t}^l = \{\bar{p}_{s,t}^l(1), \bar{p}_{s,t}^l(2), \cdots, \bar{p}_{s,t}^l(k×$

k)}，更新径路的参数。根据运输距离参数，选择距离最短的前 k 条径路，形成节点对 (v_s^l, v_k^l) 的 k 短径路集合，有：

$$P_{s,t}^l = \{p_{s,t}^l(1), p_{s,t}^l(2), \cdots, p_{s,t}^l(k)\} \tag{7-15}$$

对于源点 v_s^l 和目的节点 v_t^l 之间有多个必经点的问题，求解方法类似，采用将其转化为多个节点对间 k 短路问题求解。对于旅客输送径路优化问题，由于旅客流量去向集中，并且流量大，并且选取的车站都是客、货流量较大的车站，每个节点对间的必经点指定的数目不宜太多。

(四) 径路选择

上述方法求出的最短路或次短路，未必都是最有利或可行的，要对所求的径路集合进一步的评价和筛选，确定出突发事件下合理的旅客输送径路。铁路旅客输送径路的确定，除了考虑运距外，还要考虑径路上个站点间的旅客 OD 流量，以及各节点的运输能力等因素，具体方法如下：

Step1 将某些不在径路集合中，但是包含在日常方案中的径路，并且此径路没有受到突发事件的影响，加入到径路集合中。

Step2 首先，剔除不可行的径路方案。其次，剔除不合理的径路方案，在节点对 (v_s^l, v_t^l) 的径路集 $P_{s,t}^l$ 中，满足如下条件：

$$\{p_{s,t}^l(j) | l(p_{s,t}^l(j)) > M \times l(p_{s,t}^l(1)), p_{s,t}^l(j) \in P_{s,t}^l\} \tag{7-16}$$

不合理的径路被剔除，式中 M 为距离倍数参数，由路网状态和运输需求的重要程度决定。

Step3 评估径路集中，各径路的最大输送能力。运输径路要能够满足输送客流的要求，旅客的输送径路要与铁路大客流的方向一致。以铁路客流量为依据，运输能力严重不足的径路需要从路径集中剔除，选取能够满足旅客输送任务的最短的径路为合理的旅客输送径路。

Step4 计算构建的网络中路段的运输量，评估其是否超过自身运输能力。如果超过路段运输能力，选取经过此路段的运输量最小的节点对的径路，以此节点对间不经过此路段的径路进行替换；如果经过此路段的运输量最小的节点对没有符合要求的径路替换，则选取经过此路段的运输量稍

铁路网抗毁性分析

大的节点对进行分析,直到满足路段的运输能力为止。

三、铁路旅客输送径路优化算例分析

通过选取某区域内铁路网,验证铁路旅客输送径路优化方法。假设突发事件发生后,有效的铁路网结构如图7-1所示,区域内可以分为7个小区域,共有26个车站,其中每个区域有一个等级高、客流量大的车站。

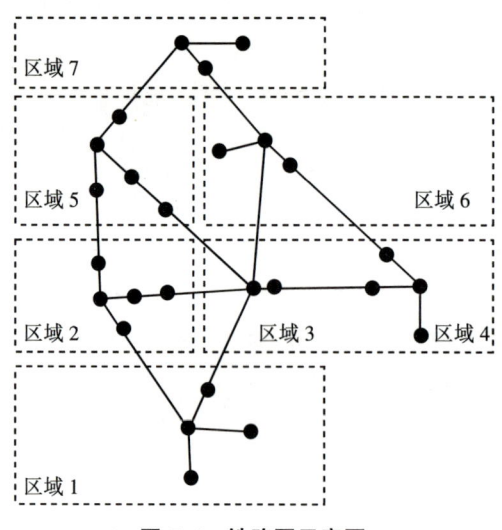

图 7-1 铁路网示意图

由于突发事件下铁路旅客输送径路研究的是大客流的应急组织,因此需要将区域内的等级低的车站进行合并,将区域内等级低的车站合并到选择的等级高的车站,其结果如图7-2所示。

合并后路网上的中心节点标记为A、B、C、D、E、F、G,共有7个节点和10条边,其边的输送能力和运输里程如表7-1所示。

第七章 突发事件下铁路客货流疏解方案研究

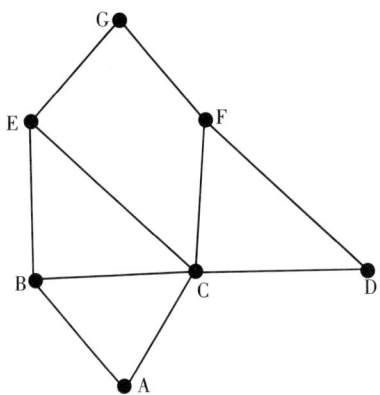

图 7-2 合并后的铁路网示意图

表 7-1 线路运输能力及里程

线路	A-B	A-C	B-C	C-D	B-E	C-E	C-F	D-F	E-G	F-G
里程	300	400	300	500	700	900	800	1000	500	600
能力	31	20	28	40	20	2	7	20	6	6

假设列车的行驶速度为 100 千米/小时，通过旅客客流预测，可得节点间的输送客流量，经过合并后，区域内中心车站的某个方向的客流量为区域内所有车站在该方向客流量的总和，节点间的客流量如表 7-2 所示。

表 7-2 旅客运输需求量

车站	A	B	C	D	E	F	G
A		2	3	12	16	18	1
B	1		2	1	1	2	1
C	1	2		2	2	1	5
D	9	1	1		1	3	1
E	1	2	1	1		6	1
F	2	2	1	2	5		3
G	1	1	6	3	5	3	

取 D_{od} 为 8，可以得出需要制定的径路集的节点对，由于节点对（A，E）、（A，F）和（A，D）的运输需求量比较大，且大于 8，因此需要确定（A，E）、（A，F）和（A，D）之间的旅客输送径路，可以将其加入到节

铁路网抗毁性分析

点对集合 Q_p^p 中。由于两相邻节点对（E，F）和（F，D）之间运输需求量大于 $0.5 \times 8=4$，并且小于 8，则可以将必经节点 F 的节点对（E，D）加入到集合 Q_p^p 中。必经节点 F 的节点对（E，D）表示为（E，F，D），通过上文提到的求解方法，可以得出径路集如表 7-3 所示。

表 7-3 径路集生成

节点对	径路集	距离	能力
(A, E)	A–B–E	1000	20
	A–C–E	1300	2
	A–C–B–E	1400	20
(A, F)	A–C–F	1200	7
	A–B–C–F	1400	7
	A–C–D–F	1900	20
(A, D)	A–C–D	900	20
	A–B–C–D	1100	28
	A–C–F–D	2200	7
(E, F, D)	E–G–F–D	2100	6
	E–G–F–C–D	2400	6
	E–C–F–D	2700	6

通过上文提到的径路选择方法，确定合理的输送径路。设置 M 为 2，则可以剔除径路 A–C–F–D，通过径路选择方法，得出选择的合理径路，并将其与最短径路方法得出的径路相比较，其结果如表 7-4 所示。

表 7-4 结果比较

节点对	合理径路	最短径路
(A, E)	A–B–E	A–B–E
(A, F)	A–C–D–F	A–C–F
(A, D)	A–B–C–D	A–C–D
(E, F, D)	E–G–F–C–D	E–G–F–D

算例结果表明，本书确定的合理径路与最短径路方法确定的径路相比，在满足运输需求方面具有优越性。突发事件下铁路旅客输送合理径路的确定一直是铁路旅客应急运输组织备受关注的问题之一，也是编制铁路

客流疏解方案的基础。

第三节 突发事件下铁路货流疏解方案编制模型

一、问题的描述

突发事件发生后，会产生一些特殊需求的大规模集中运输，如何有效安排载运工具将数量和种类随时间变化的货物尽快运输到目的地的问题，属于突发事件下铁路货流疏解问题，其目标是追求最大化车辆利用率和需求的满足。由于运输的特殊性，突发事件往往给运输造成很大的困难，比如：自然灾害中的线路、车站损坏等情况的出现。只有在制定疏解方案时充分考虑到突发事件的处置才能提高计划的灵活性和可行性。一般说来，当出现突发事件时不外乎两种处置方法：一是发生突发事件时，对相关受影响列车的运行计划进行调整，其他列车照原计划运行；二是在突发事件应对处置的基础上，对所有的列车重新安排运行计划。对于大灾难，调度调整工作量较大，一般采用重新安排计划的形式。

在货流疏解阶段，节点对间输送的是应急保障中所需要的物资，货运量大并且来向或者去向相对集中，一般要求在发站即编组成列，途中不需解编作业直至到站，也就是开行装车地始发直达列车，在最短的时间内完成整个运输任务。货物运输需求有轻重缓急之分，需求级别高的货物要求优先保障，级别低的货物其后保障，假设节点间运输需求分为紧急运输需求、重要运输需求以及普通运输需求，紧急运输需求的优先级最高，编制疏解方案时需要优先考虑，重要运输需求次之，最后是普通运输需求。对于这些特殊运输需求，铁路部门如果不执行有针对性的准备工作，将导致运能短时间内供给不足，影响运输秩序和运输质量，甚至使得运输任务在

铁路网抗毁性分析

要求时限内难以完成，会带来较大损失。

铁路的车流分为重车车流和空车车流，且重车车流与空车车流是紧密相连的，空车来源于重车也产生重车。通过制定合理的输送计划，能够有效地避免铁路网的拥挤，并且需要考虑空车调拨，能够使供应点装载新车。车种代用在实际铁路运输生产中是相当普遍的，车种代用可以避免对某车种的需要而进行的不必要的长距离运送。在应急救援过程中，由于希望在最短的时间内将优先级高的应急物资输送到应急地点，同样需要通过车种代用来加快对急缺物资的运输。

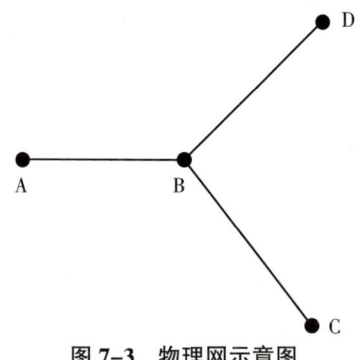

图 7-3 物理网示意图

以图 7-3 为例，A 点、B 点、C 点和 D 点代表大型的节点站，节点对（A，C）、（A，D）和（C，D）之间的路径分别为 {A-B，B-C}、{A-B，B-D} 和 {C-B，B-D}，在某段时间从 A 点到达 D 点的列车数目为 1，从 C 站到达 D 站的数目为 2，此时刻需要从 D 站运送紧急货物到 A 站 2 车，到 B 站 1 车，非紧急货物到 C 站的 1 车，同时在 B 站有空列车 1，则疏解方案安排如下：首先组织 D 站到 A 站和 B 站的紧急货物，调配 B 站的空车到 D 站，组织 D 站到 C 站的非紧急货物，当然，此方案的可行性是建立在区段 A-B、B-D 和 B-C 有充足的能力保障上述方案的执行。如果区段 B-D 的能力为 3，则上述调配方案不可行，D 站需要从别的站点调配空车，满足站点 D 和站点 C 之间的运输需求，站点 B 的空车应调配到其余的车站，满足其余的站点间的需求，以提高车辆的利用率。

二、时空网络构建

时空网络反映了一种时空状态或时空关系,可以分为离散时间时空网络和连续时间时空网络。离散时间时空网络是将物理网络上的节点在离散的时间轴上进行复制扩展,从而形成一个二维的时空网络。离散时间时空网络采用时间段表示法,将有利于网络弧的时空扩展以及动态流的机理解析。连续时间的时空网络是在连续的时空网络上确定事件发生的时空位置,并将位置作为时空网络节点,节点之间的弧表征了事件发生的过程(见图7-4)。连续时空网络法虽然能更准确地对车流的作业过程进行描述,但本身存在着问题需要克服。在网络条件下车流组织情况复杂,事件发生量大,问题规模会陡增。

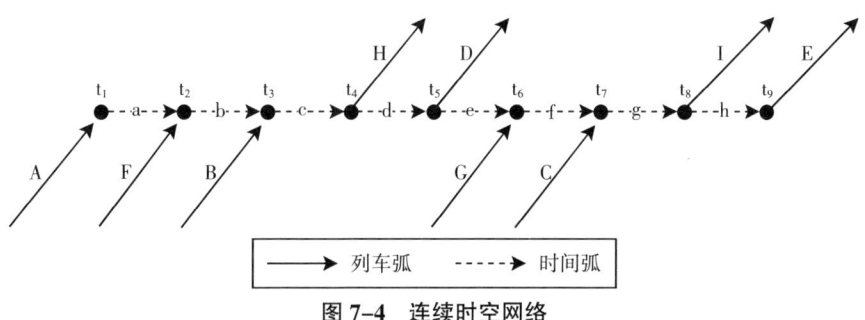

图 7-4 连续时空网络

突发事件下铁路货流疏解方案编制实际上是运输任务和载运工具的匹配问题。运输任务具有时空属性,载运工具的活动也具有时空属性,同时疏解方案编制具有动态性,因此可以运用时空网络刻画疏解方案编制问题。本书采用离散时间的时空网络表示法,主要有两点考虑:一是疏解方案编制中,车流推算不可能做到精细;二是如果将精确的到发时刻引入到网络中,则时空网络将比运行图更加复杂,这会给求解带来难以克服的障碍。

采用时空网络结构图 N=G(VS,AS)动态地描述疏解方案。时空网络结构图是一种车流(包括重车流和空车流)接续网络,刻画的是网络中主

> 铁路网抗毁性分析

体之间的时空关系,每个节点代表在特定时间上的车站的状态,包括三个属性,即(i, t_k, $NC_i^{t_k}$, $NS_i^{t_k}$),其中 i 表示该节点代表的站点号 $i \in P$,P 是铁路物理网中所有站点的集合;t_k 表示时空网络中时间段的索引值;$NC_i^{t_k}$ 代表在时间段 t_k 站点 i 的容量;$NS_i^{t_k}$ 代表在时间段 t_k 站点 i 的装卸作业能力。时空网络中的弧表示了不同节点之间的时空联系,可以分为两种类型:运输服务弧 L_s 和等待弧 L_w,弧 $l \in L_s$ 表示列车在路径 p 上,从时刻 t_k 开始到时刻 $t_k + T_r$,由车站 i 运行到车站 j,运输弧代表货物被列车从一个车站运输到另一个车站,如图 7-5 中的弧线 l_1 所示,运输时间与列车在这两个车站间的行驶时间相同,弧上的成本是运输货物的变化成本,弧上运输的货物流量的上界与载运工具的能力和数量有关,下界是 0;弧 $l \in L_w$ 表示列车从时刻 t_k 到 $t_k + \Delta$ 停留在车站,弧的成本代表在期望的时间窗内,在车站滞留列车的成本,弧的流量是非负值,代表滞留列车的数目,弧的流量的上界是车站的滞留能力,弧的下界是 0。在以上网络节点和连接弧进行说明的基础上,可以构建出给定铁路物理网络的列车运行服务的时空网络图,如图 7-5 所示。

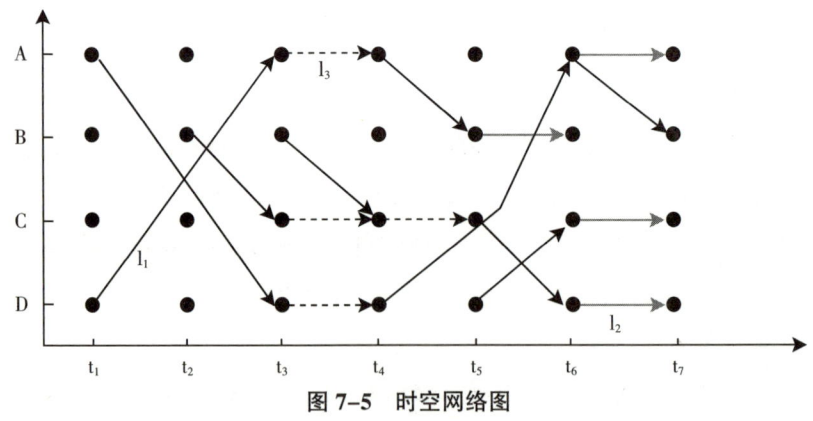

图 7-5 时空网络图

图 7-5 代表时空网络 $N = G(VS, AS)$,其中 VS 为一系列的表示站点特性的节点的集合,AS 为一系列表示节点间时空联系的弧的集合。点画线

代表等待弧，实线代表运输服务弧线，运输服务 A1-D3，表示列车在 t_1 时刻从 A 站点发车，经由固定径路 A-B-D，在 t_3 时刻到达站点 D，物理网络是服务网络的支撑基础，在服务网络中，运输服务弧的流量受到物理网络中设施的能力限制，如运输服务 A1-D3，在 t_1 时刻的最大发车数量受到线路 A-B 和线路 B-D 在 $t_1\sim t_3$ 时段内剩余能力的约束，不能超过此时段内的最大通过能力。

三、数学模型构建

（一）假设条件及变量定义

假设路网上所有的列车可以相互替换使用，再者，在供应点和需求点的货物运输需求量是明确的，且以车为单位。模型中需要的变量定义如下：

N 代表铁路物理网上节点的集合；

N^L 代表铁路物理网上供需节点的集合；

$R = \{(r, s) | r \in N, s \in N\}$ 代表铁路物理网上节点对的集合；

$R^L \subseteq R$ 代表铁路物理网上 OD 节点对集合；

K_R 代表铁路物理网上所有节点对间选择的径路集合；

$K_{r,s}$ 代表铁路物理网上节点对 (r, s) 间 k 短径路集合，$r \in N$，$s \in N$，$K_{r,s} \subset K_R$；

$d_{r,s}$ 代表铁路物理网上节点对 (r, s) 间需要运输的货物量，单位为车；

L 代表铁路物理网上线路区段的集合；

L^p 代表包含在径路 $p \in K_R$ 中的线路区段的集合；

$\delta^p_{r,s}$ 表示铁路物理网上节点对 (r, s) 间是否选择 $p \in K_R$ 路径，$\delta^p_{r,s} = 1$ 代表选择 p 路径，否则不选择 p 路径；

T 代表计划周期；

Δ 代表在计划周期内时间段的长度；

o(p) 代表径路 $p \in K_R$ 的源车站；

d(p) 代表径路 $p \in K_R$ 的目的车站；

$w_{r,s}$ 在铁路物理网上,节点对 (r,s) 间运输货物的优先级,$r \in N$,$s \in N$;

$C_{a,t}$ 表示在时间点 t 允许进入区段 a 的最大列车数;

μ_p 在径路 $p \in K_R$ 上总的旅行时间,是 Δ 的倍数;

$\tau_{p,a}$ 在径路 $p \in K_R$ 上到达线路区段,$a \in L^p$ 之前在径路上的运行时间,是 Δ 的倍数;

η_a 表示区段 a 的旅行时间,是 Δ 的倍数;

α 表示目标函数的权值(权重);

γ_s 为需求产生节点 $s \in N^L$ 在周期内需求的最低满足程度,即至少应该满足的百分比;

TL_s 为初始时间点 (t=1) 时,车站 $s \in N^L$ 可用的列车数。

决策变量如下:

$F^p_{r,s,t}$ 表示在时间 $t \in T$,节点对 (r,s) 间的径路 $p \in K_{r,s}$ 上开行的列车数;

$O^p_{r,s,t}$ 在时间 $t \in T$,节点对 (r,s) 间的径路 $p \in K_{r,s}$ 上,在节点 r 等待的列车数;

$D^p_{r,s,t}$ 在时间 $t \in T$,节点对 (r,s) 间的径路 $p \in K_R$ 上,在节点 s 等待的列车数。

(二)模型建立

铁路货流疏解方案编制问题,以有限的时间内开行的列车数最多和车辆的周转次数最大为目标。对于有限的时间内开行的列车数最多,并以权重的方式考虑运输需求的优先级,其子目标可以表示为:

$$\sum_{r \in N^L} \sum_{s \in N^L | s \neq r} \sum_{p \in K_{rs}} \sum_{t \in T} w_{r,s} \delta^p_{r,s} F^p_{r,s,t} \tag{7-17}$$

对于提高货物列车的周转次数,可以转化为在周期内的各个时间点上,在车站停留的列车数最少,其子目标可以表示为:

$$\sum_{r \in N} \sum_{s \in N | s \neq r} \sum_{p \in K_{rs}} \sum_{t \in T} \delta^p_{r,s} (O^p_{r,s,t} + D^p_{r,s,t}) \tag{7-18}$$

根据以上的符号和目标函数的定义,可以将突发事件下铁路货流疏解方案编制模型构建如下:

第七章 突发事件下铁路客货流疏解方案研究

$$\text{Max} \quad \alpha \sum_{r \in N^L} \sum_{s \in N^L | s \neq r} \sum_{p \in K_{rs}} \sum_{t \in T} w_{r,s} \delta^p_{r,s} F^p_{r,s,t} - (1-\alpha) \sum_{r \in N} \sum_{s \in N | s \neq r} \sum_{p \in K_{rs}} \sum_{t \in T} \delta^p_{r,s} (O^p_{r,s,t} + D^p_{r,s,t})$$

s.t.
$$\sum_{t \in T} F^p_{r,s,t} \leq \delta^p_{r,s} d_{r,s} \quad \forall r \in N^L, \forall s \in N^L | s \neq r, \forall p \in K_{rs} \tag{7-19}$$

$$\sum_{r \in N^L | r \neq s} \sum_{p \in K_{rs}} \sum_{t \in T} F^p_{rs,t} \geq \gamma_s \sum_{r \in N^L | r \neq s} d_{r,s} \quad \forall s \in N^L \tag{7-20}$$

$$\sum_{p \in K_{rs}} \delta^p_{rs} = 1 \quad \forall r \in N^L, \forall s \in N^L | s \neq r, \forall p \in K_{rs} \tag{7-21}$$

$$O^p_{r,s,t-\Delta} \leq \delta^p_{r,s} (O^p_{r,s,t} + F^p_{r,s,t}) \quad \forall r \in N, \forall s \in N | s \neq r, \forall p \in K_{rs}, \forall t \in T \tag{7-22}$$

$$(D^p_{r,s,t-\Delta} + F^p_{r,s,t-\tau_r}) \delta^p_{r,s} \geq D^p_{r,s,t} \quad \forall r \in N, \forall s \in N | s \neq r, \forall p \in K_{rs}, \forall t \in T \tag{7-23}$$

$$D^p_{r,s,t-\Delta} + F^p_{r,s,t-\tau_{rs}} \leq \delta^p_{r,s} \left(D^p_{r,s,t} + \sum_{r' \in N} \sum_{s' \in N} \sum_{p \in K_{r',s'} | o(p')=h(p)} \delta^{p'}_{r',s'} (F^{p'}_{r',s',t} + O^{p'}_{r',s',t}) \right)$$
$$\forall r \in N, \forall s \in N | s \neq r, \forall p \in K_{rs}, \forall t \in T \tag{7-24}$$

$$\sum_{r \in N} \sum_{s \in N} \sum_{p \in K_{rs} | s = o(k)} O^p_{r,s,t-\Delta} + \sum_{r \in N} \sum_{s \in N} \sum_{p \in K_{rs} | s = h(k)} (D^p_{r,s,t-\Delta} + F^p_{rs,t-\tau_k}) = \sum_{r \in N} \sum_{s \in N}$$
$$\sum_{p \in K_{rs} | s = o(p)} (O^p_{r,s,t} + F^p_{r,s,t}) + \sum_{r \in N} \sum_{s \in N} \sum_{p \in K_{rs} | s = h(p)} D^p_{r,s,t} \quad \forall s \in N, \forall t \in T \tag{7-25}$$

$$\sum_{r \in N} \sum_{s \in N} \sum_{p \in K_{rs} | a \in L^p} F^p_{r,s,t-\tau_k} \leq C_{a,t} \quad \forall a \in L, \forall t \in T \tag{7-26}$$

$$\sum_{s \in N | s \neq r} \sum_{p \in K_{r,s}} (F^p_{r,s,1} + O^p_{r,s,1}) = TL_r \quad \forall r \in N \tag{7-27}$$

$$D^p_{r,s,t} = 0 \quad \forall r \in N, \forall s \in N | s \neq r, \forall p \in K_{rs} \tag{7-28}$$

$$F^p_{r,s,t}, O^p_{r,s,t}, D^p_{r,s,t} \geq 0, \text{且为整数}, \forall r \in N, \forall s \in N | s \neq r, \forall p \in K_{rs} \tag{7-29}$$

$$\delta^p_{r,s} \in \{0, 1\}, \forall r \in N, \forall s \in N | s \neq r, \forall p \in K_{rs} \tag{7-30}$$

在以上模型中，目标函数为有限的时间内开行的列车数最多和车辆的周转次数最大两部分，α 为权重因子，取值在 0~1，用于调整两个目标函数的相对重要程度。当 α = 0 时，目标函数只考虑最大化车辆的周转次数，当 α = 1 时，目标函数只考虑列车的开行数的最大化。模型的约束条件可以分为五类，分别是需求满足约束、径路限制约束、列车流约束、线路容量约束和周期开始时间点可用列车数量约束。需求满足约束包括模型中的式（7-19）和式（7-20），式（7-19）表示节点对之间每个周期内开行列车数目不大于需求数，等式右边是周期内的最大需求数，单位为车，式（7-20）表示需求产生节点对 $s \in N$ 的需求满足程度必须大于 γ_s；式（7-21）是径路限制约束，表示每个 OD 间只选择一条径路输送货物；列车流约束包括模型中的式（7-22）至式（7-25），表示在车站上，出发列车数、滞留列车数和到达列车数的平衡关系，式（7-22）是径路 $\forall p \in K_{rs}$ 上源车站的列车流约束，式（7-23）是径路 $\forall p \in K_{rs}$ 上目的车站的列车流约束，约束式（7-24）也是径路 $\forall p \in K_{rs}$ 上目的车站的列车流约束，约束式（7-25）在时间段 t 在车站 s 的列车流平衡约束；线路能力约束包括模型中的式（7-26），表示在给定时间点发送到线路区段的列车数不超过该时段线路区段的能力约束；初始时间点可用列车数约束包括式（7-27）和式（7-28），表示 t = 1 时，各个车站可用列车数；式（7-29）和式（7-30）代表变量是非负整数约束。

四、求解方法

上文构建的模型由于引入时间维变量，物理网络在有限周期内的每个时间段上复制一次，变量和约束的规模都非常大，属于大规模整数规划（IP）问题。整数规划和混合整数规划（Mixed Integer Programming，MIP）问题是运筹学领域里的一个重要分支，机械、化工、计算机、经济、生物、军事、社会等各个学科领域里的许多优化问题均可归结为 IP 或 MIP 问题，且绝大多数的组合优化问题都可以写成一个 IP 或 MIP 问题。因此，如何求解 IP 或 MIP 问题是一个重要的研究领域。由于整数规划问题的可行解区域为离散点，故一般不能用连续区域的求解算法，只能用特殊方法求解，应用较多的是分支定界法（Branch and Bound Method）、割平面法

(Cutting Plane Algorithm)和分解算法(Decomposition Algorithm)等。按照通常的分支定界法求解整数规划时，常常分支数目呈指数态势增多，而且每支大都要用单纯形法求解，本来单纯形法计算量就较大，加上每次分支都在增加条件，更加大了计算量。梁栋(2007)根据动态规划的思想设计了按周期分段求解的方法，但是求解效率不高，容易产生无解的情况。在铁路运输生产过程中，发车站和到达站有很多条路径，但在通常的计划安排中只有一个径路是常用的，因此根据此特点，设计了一种两阶段的求解方法，首先确定铁路的固定运输径路，其次确定货流疏解方案。

（一）确定固定疏解径路

铁路货物运输径路的确定，包括两个步骤：货物运输网的构建、径路集的生成。

（1）货物运输网的构建。选择具有货运作业的站点和线路构建铁路货物运输网络。同时，由于突发事件发生后，产生的货流量比较大，且方向比较集中，因此在构建网络时，选择具有直达列车装卸作业的车站，货运流量小而不够整车直达运输的或不具备直达列车装卸作业的车站可与附近的车站考虑合并。根据以上原则确定网络中的节点，然后确定网络中的边，重新构建铁路货物运输网。

（2）径路集的生成。货物运输径路与旅客运输径路有很大的差异，货物运输径路主要解决最短径路和特殊指定经由的问题。对于最短路生成问题，使用公认的计算最短路的最佳算法Dijkstra算法，可以较好地解决。但如果路网上的车流都按照最短径路输送，会因车流分布的不均匀而导致某些铁路线路或区段所承担的运量超过其运能的容许范围，尤其是在突发事件发生后，其对网络功能的发挥影响更大，因此需要制定一些特定径路，将繁忙线路或区段的部分车流调给指定的另外的径路运输。这类车流输送的指定径路相对于其最短径路而言称为特定径路，最短径路是制定特定径路的前提和基础，特定径路是根据网络输送的均衡性要求，在原线路上对部分车流最短径路的更改，即求解不包含能力限制的区段或车站的最短径路为特定径路。

铁路网抗毁性分析

令 K_R^G 为确定的节点对间的固定径路集合，$p \in K_R^G$，$o(p) = r$，$d(p) = s$ 代表节点对 (r, s) 间的固定运行径路，通过节点间最短路生成和由于均衡性的要求对某些最短径路进行调整，可以得到路径集 K_R^G。以此为基础，对上文提出的模型进行简化，如下所示：

$$\text{Max} \quad \alpha \sum_{p \in K_R^G} \sum_{t \in T} w_p F_{p,t} - (1-\alpha) \sum_{p \in K_R^G} \sum_{t \in T} (O_{p,t} + D_{p,t}) \tag{7-31}$$

$$\text{s.t.} \quad \sum_{t \in T} F_{p,t} \leq n_p, \quad \forall p \in K_R^G \tag{7-32}$$

$$\sum_{p \in K_R^G | d(p) = s} \sum_{t \in T} F_{p,t} \geq \gamma_r \sum_{p \in K_R^G | d(p) = s} n_p, \quad \forall s \in N \tag{7-33}$$

$$O_{p,t-\Delta} \leq O_{p,t} + F_{p,t}, \quad \forall r \in K_R^G, \quad \forall t \in T \tag{7-34}$$

$$D_{p,t-\Delta} + F_{p,t-\tau_r} \geq D_{p,t} \quad \forall p \in K_R^G, \quad \forall t \in T \tag{7-35}$$

$$D_{p,t-\Delta} + F_{p,t-\tau_r} \leq D_{p,t} + \sum_{k | o(k) = h(p)} (F_{k,t} + O_{k,t}), \quad \forall p \in K_R^G, \quad \forall t \in T \tag{7-36}$$

$$\sum_{p | s = o(p)} O_{p,t-\Delta} + \sum_{k | s = h(k)} (D_{k,t-\Delta} + F_{k,t-\tau_k}) = \sum_{p | s = o(p)} (O_{p,t} + F_{p,t}) + \sum_{k | s = h(k)} D_{k,t}$$

$$\forall s \in S, \quad \forall t \in T \tag{7-37}$$

$$\sum_{p | a \in L^p} F_{p, t-\tau_{r,a}} \leq C_{a,t} \quad \forall t \in T, \quad \forall a \in A \tag{7-38}$$

$$\sum_{p \in K_R^G | o(p) = s} (F_{p,1} + O_{p,1}) = TL_s \quad \forall p \in N \tag{7-39}$$

$$D_{p,1} = 0 \quad \forall p \in K_R^G \tag{7-40}$$

$$F_{p,t}, O_{p,t}, D_{p,t} \geq 0, 且为整数, \quad \forall p \in K_R^G, \quad \forall t \in T \tag{7-41}$$

在以上模型中，模型的约束条件可以分为需求满足约束、列车流约束和线路容量约束等。需求满足约束包括模型中式（7-32）和式（7-33），式（7-32）表示某个节点对之间每个周期内发车数量的约束，等式右边是周期内的最大需求量，等式左边表示周期内的列车发车数量，周期内发车数量必须小于等于最大需求量，单位为列车；式（7-33）表示需求产生节点 $s \in N$ 的需求满足程度大于 γ_s。列车流约束包括模型中的式（7-34）至式（7-37），表示在车站上，出发列车、滞留列车和到达列车的数量约束关系。式（7-34）是径路 p 上源车站的列车流约束关系；式（7-35）是径路 p 上目的车站的列车流约束；约束式（7-36）也是径路 p 上目的车站的列车流约束；约束式（7-37）在时间段 t 在车站 s 的列车流平衡约束。线路容量约束包括模型中的式（7-38），表示在给定时间点上发送到线路区段的列车数不超过该时间点上线路区段的运输能力。初始时间点可用资源数量约束包括式（7-39）和式（7-40），表示 t = 1 时，各个车站可用列车数。约束式（7-41）代表变量的非负整数约束。

（二）分阶段取整算法

根据模型的特点，先将模型松弛，结合一种逐步固定变量为整数的启发式规则，迭代求解模型，其步骤如下：

Step1　松弛所有的整数变量为非负变量，运用 Lingo 软件求解松弛模型，令 $t_0 = 0$，$k = 1$，Θ 为时间段的个数 $\Theta \in \{1, 2, 3, 4, 5, \cdots\}$，$\Theta$ 根据模型的规模特点等因素确定。

Step2　如果所有决策变量 $F_{p,t}$ 都为整数，$p \in K_R^G$，则算法终止，否则设置 $t_k = t_{k-1} + \Theta$，$k \in \{1, 2, 3, 4, \cdots\}$，$t \in [t_{k-1}, t_k]$ 的决策变量 $F_{p,t}$ 的集合为 $\{Fm\}$ 转 Step3。

Step3　以时间顺序依次固定所有 $\{Fm\}$ 决策变量到最接近的整数值，决定 $\{Fm\}$ 采取最大整数还是最小整数，采用如下启发式规则。

根据式（7-42），定义车站 $\forall s \in S$，时间段 $t \in [t_{k-1}, t_k]$ 的允许偏移量 $Y_{s,t}$ 为：

$$Y_{s,t} = \sum_{p|s=o(p)} O_{p,t} + \sum_{k|s=h(k)} D_{k,t} \quad \forall s \in S, \, t \in [t_{k-1}, t_k] \tag{7-42}$$

则，其决策过程如下：

Step3.1　由 Lingo 的输出确定集合 $\{Y_{s,t}\}$ 中各元素的值。

Step3.2　取 $\{Fm\}$ 中的时间段 $t' \in [t_{k-1}, t_k]$ 的某个变量 $F_{p_1,t'}$，径路 r_1 的源节点为 s'，将 $F_{p_1,t'}$ 固定为最大整数。

Step3.3　计算初始剩余允许偏移值 $Y_{s',t'} - (1 - I_{p_1,t'})$，$I_{p_1,t'}$ 为 $F_{p_1,t'}$ 的小数部分，如果 $Y_{s',t'} - (1 - I_{p_1,t'}) \geq 0$，则将 $F_{p_1,t'}$ 固定为最大值，否则将 $F_{p_1,t'}$ 固定

为最小整数值。

Step3.4 如将 $F_{p_1,t'}$ 固定为最大值,判断与 $F_{p_1,t'}$ 相关联区段的运输量是否大于其运输能力。如果大于其运输能力,则将 $F_{p_1,t'}$ 固定为最小值,计算其新的剩余偏移量 $Y_{s',t'} = Y_{s',t'} + (1 - I_{p_1,t'})$,否则 $Y_{s',t'} = Y_{s',t'} - (1 - I_{p_1,t'})$。

Step3.5 取 $\{Fm\}$ 中的另一个变量 $F_{p_2,t'}$,假设径路 p_2 的源节点也为 s',如果 $Y_{s',t'} = Y_{s',t'} - (1 - I_{p_2,t'}) \geqslant 0$,$I_{p_2,t'}$ 为 $F_{p_2,t'}$ 的小数部分,则将 $F_{p_2,t'}$ 固定为最大值,否则将 $F_{p_2,t'}$ 固定为最小整数值。如将 $F_{p_2,t'}$ 固定为最大值,判断与 $F_{p_2,t'}$ 相关联区段的运输量是否大于其运输能力。如果小于运输能力,计算其新的剩余偏移量 $Y_{s',t'} = Y_{s',t'} - (1 - I_{p_2,t'})$,否则将 $F_{p_2,t'}$ 固定为最小值,计算其新的剩余偏移量 $Y_{s',t'} = Y_{s',t'} + (1 - I_{p_2,t'})$。

Step3.6 如果 $\{Fm\}$ 的元素都为整数,则转 Step4,如果 $\{Fm\}$ 中时间段 t' 的变量 $F_{p,t'}$ 有非整数,$p \in K_R^G$,则转 Step3.5 否则转 Step3.2。

Step4 将 Step3 中确定的决策变量的值加入到模型中,创建新的问题。

Step5 松弛剩余的整数变量,运用 Lingo 求解新问题,转 Step2。

第四节 铁路货流疏解方案编制算例

以四川汶川地震为例,分析模型和算法的有效性。

一、数据准备

图 7-6 为简化的成都铁路局和其周边铁路局路网结构,边上数据表示固定区段的里程。在路网上,西安(XA)、宝鸡(BJ)、成都(CD)、昆明(KM)、贵阳(GY)、重庆(CQ)、怀化(HH)、襄樊(XF)共 8 个车站是需求产生和供给节点,共有 56 个节点对,阳平关(YP)、安康(AK)、内

第七章 突发事件下铁路客货流疏解方案研究

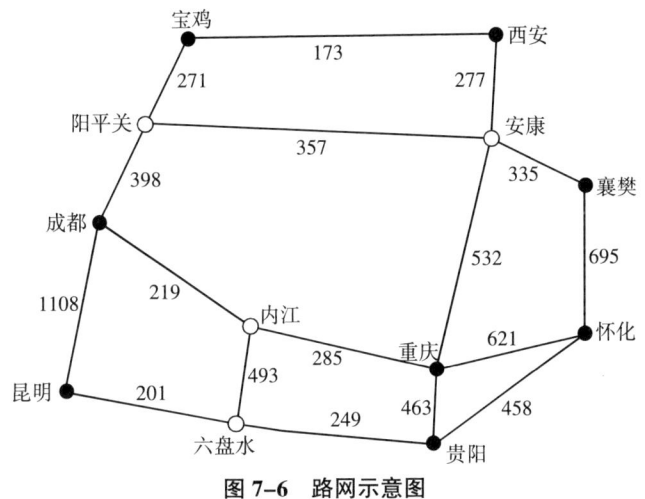

图 7-6 路网示意图

江（NJ）、六盘水（LPS）是路径的中转节点。

二、计算结果及分析

假设运输需求分为三类：A 类、B 类和 C 类，其中 A 类是最优先的需求，是紧缺或时效性非常高的物资，其权值设置为 3，其次是 B 类，权值设置为 2，C 类其权值设置为 1。计划周期设置为 7 天，时空网络时间段长度设置为 2 小时，列车行驶速度设置为 60 千米/小时，将各个路径或区段上列车行驶时间归为时空网络时间长度的整数倍。则网络中共有 84 个时间点，时空网络中节点的数目为 1008 个，在一个周期内，假设各节点对之间的最大需求量如表 7-5 所示，车站的滞留车能力为 20 列。设置 Δt 为 5。各区段在各个时间段长度内通过能力由区段的能力以及区段在时间段内通过的旅客列车数目决定，共有 1428 个值。

表 7-5 货物运输需求及等级

车站	XA	BJ	CD	KM	CQ	GY	HH	XF
XA		23（2）	22（3）	16（1）	10（2）	17（1）	17（2）	17（2）
BJ	24（2）		23（3）	24（2）	27（2）	11（1）	18（1）	19（2）
CD	19（1）	21（2）		25（2）	22（2）	13（2）	11（1）	10（1）

铁路网抗毁性分析

续表

车站	XA	BJ	CD	KM	CQ	GY	HH	XF
KM	13 (1)	19 (2)	22 (3)		21 (3)	27 (2)	15 (2)	16 (1)
CQ	14 (2)	23 (1)	12 (3)	24 (1)		15 (2)	13 (2)	9 (1)
GY	10 (2)	10 (2)	14 (3)	15 (2)	22 (3)		24 (1)	13 (1)
HH	22 (1)	13 (1)	32 (3)	17 (2)	12 (3)	28 (2)		17 (1)
XF	22 (2)	16 (1)	12 (3)	9 (1)	16 (3)	20 (2)	28 (2)	

注：括号中的数据为需求的等级；括号外的数据为需求量，单位为车。

由最短路算法得到网络上节点间的运输径路集，最终确定的运输径路如表 7-6 所示。

表 7-6 运输径路

序号	OD	选择径路	序号	OD	选择径路
1	XA-BJ	XA-BJ	23	KM-BJ	KM-CQ-YPG-BJ
2	XA-CD	XA-BJ-YPG-CD	24	KM-CD	KM-CD
3	XA-KM	XA-BJ-YPG-CD-KM	25	KM-GY	KM-LPS-GY
4	XA-GY	XA-AK-CQ-GY	26	KM-CQ	KM-LPS-GY-CQ
5	XA-CQ	XA-AK-CQ	27	KM-HH	KM-LPS-FY-HH
6	XA-HH	XA-AK-XF-HH	28	KM-XF	KM-LPS-GY-HH-XF
7	XA-XF	XA-AK-XF	29	GY-XA	GY-CQ-AK-XA
8	BJ-XA	BJ-XA	30	GY-BJ	GY-CQ-NJ-CD-YPG-BJ
9	BJ-CD	BJ-YPG-CD	31	GY-CD	GY-CQ-NJ-CD
10	BJ-KM	BJ-YPG-CD-KM	32	GY-KM	GY-LPS-KM
11	BJ-GY	BJ-YPG-CD-KM-NJ-CQ-GY	33	GY-CQ	GY-CQ
12	BJ-CQ	BJ-XA-AK-CQ	34	GY-HH	GY-HH
13	BJ-HH	BJ-YPG-AK-XF-HH	35	GY-XF	GY-HH-XF
14	BJ-XF	BJ-YPG-AK-XF	36	CQ-XA	CQ-AK-XA
15	CD-XA	CD-YPG-BJ-XA	37	CQ-BJ	CQ-AK-XA-BJ
16	CD-BJ	CD-YPG-BJ	38	CQ-CD	CQ-NJ-CD
17	CD-KM	CD-KM	39	CQ-KM	CQ-GY-LPS-KM
18	CD-GY	CD-LPS-GY	40	CQ-GY	CQ-GY
19	CD-CQ	CD-NJ-CQ	41	CQ-HH	CQ-HH
20	CD-HH	CD-NJ-CQ-HH	42	CQ-XF	CQ-HH-XF
21	CD-XF	CD-PYG-AK-XF	43	HH-XA	HH-XF-AK-XA
22	KM-XA	KM-CD-YPG-BJ	44	HH-BJ	HH-XF-AK-XA-BJ

续表

序号	OD	选择径路	序号	OD	选择径路
45	HH-CD	HH-CQ-NJ-CD	51	XF-BJ	XF-AK-XA-BJ
46	HH-KM	HH-GY-LPS-KM	52	XF-CD	XF-AK-YPG-CD
47	HH-GY	HH-GY	53	XF-KM	XF-HH-GY-LPS-KM
48	HH-CQ	HH-CQ	54	XF-GY	XF-HH-GY
49	HH-XF	HH-XF	55	XF-CQ	XF-HH-CQ
50	XF-XA	XF-AK-XA	56	XF-HH	XF-HH

根据径路上旅客列车的数量和区段的最大运输能力，得到示意铁路网上的区段在各个时间点上的最大运输能力。在算例中在一定取值范围内随机生成，假设数据如表7-7所示。

表7-7 区段运输能力

区段	XA-BJ	BJ-YP	YP-CD	YP-AK	XA-AK	AK-CQ	XF-HH	HH-CQ	HH-GY	NJ-CQ	LP-GY	NJ-LP	CD-NJ	KM-LP	CD-KM	CQ-GY
1	10	10	10	10	12	12	12	15	5	15	15	15	15	7	7	7
2	14	14	14	14	15	15	15	15	17	17	17	17	17	18	18	18
3	15	15	15	15	11	11	11	11	18	18	18	18	18	10	10	10
4	18	18	18	11	17	17	17	17	10	10	10	10	10	18	18	18
5	13	13	13	13	11	11	11	11	12	12	12	12	12	16	16	16
6	17	17	17	17	15	15	15	15	14	14	14	14	14	15	15	15
7	16	16	16	16	19	19	19	19	11	11	11	11	11	15	15	15
8	17	17	17	17	19	9	9	9	16	16	16	16	17	17	17	17
9	18	18	18	18	12	12	12	12	12	12	12	12	12	17	17	17
10	10	10	10	10	13	13	13	13	16	16	16	16	18	18	18	18
11	12	12	12	12	15	15	15	15	17	17	17	17	17	10	10	10
12	13	13	13	13	17	17	17	17	18	18	18	18	18	12	12	12
13	10	10	10	10	12	12	12	12	15	15	15	15	17	17	17	17
14	14	14	14	14	15	15	15	15	17	17	17	17	17	17	17	17
15	15	15	15	15	11	11	11	8	18	18	18	8	10	10	10	10
16	18	10	18	11	17	17	17	17	10	10	10	10	10	18	18	18
17	13	13	13	13	11	11	11	11	12	12	12	12	12	16	16	16
18	17	17	17	13	15	15	15	15	14	14	14	14	14	15	15	15
19	16	16	16	16	9	9	19	19	11	11	11	11	11	15	15	15
20	17	17	17	17	19	19	9	19	16	16	16	16	17	17	17	17

铁路网抗毁性分析

续表

区段	XA BJ	BJ YP	YP CD	YP AK	XA AK	AK CQ	AK XF	XF HH	HH CQ	HH GY	NJ CQ	LP GY	NJ LP	CD NJ	KM LP	CD KM	CQ GY
21	18	18	18	8	12	12	12	12	12	12	12	12	12	12	17	17	17
22	10	10	10	10	13	13	13	16	16	16	16	16	16	16	18	18	18
23	12	12	12	12	15	15	15	17	17	17	17	17	17	17	10	10	10
24	13	13	13	13	17	17	17	18	18	18	8	8	18	18	12	12	12
25	10	10	10	10	12	12	12	12	15	15	15	15	15	15	17	17	17
26	14	14	14	14	15	15	15	15	17	17	17	17	17	17	18	18	8
27	15	15	15	15	11	11	11	21	18	8	8	18	18	18	10	10	10
28	18	18	8	11	17	17	17	17	10	10	10	10	10	10	18	8	18
29	13	13	13	13	11	11	11	11	12	12	12	12	12	12	16	16	16
30	17	17	17	13	15	15	15	15	14	14	14	14	14	14	15	15	15
31	16	16	16	16	19	19	19	11	11	11	11	11	11	11	15	15	15
32	17	17	17	17	9	19	19	9	16	16	16	16	16	16	17	17	17
33	18	8	18	8	12	12	22	12	12	12	12	12	12	22	17	17	17
34	10	10	10	10	13	13	23	13	16	16	16	16	16	16	18	18	18
35	12	12	12	12	15	15	15	15	17	17	17	17	17	17	10	10	10
36	13	13	13	13	17	17	17	17	18	18	18	8	18	18	12	12	12
37	20	10	10	10	12	12	12	12	15	15	15	15	15	15	17	17	17
38	14	14	14	14	15	15	15	17	17	17	17	17	17	17	18	18	18
39	15	15	15	15	11	11	11	11	8	18	8	8	18	8	10	20	10
40	18	18	10	11	17	17	17	17	10	10	10	10	10	10	8	18	18
41	13	13	13	13	11	11	11	11	12	12	12	12	12	12	16	16	16
42	17	17	17	13	15	15	15	15	14	14	14	14	14	14	15	15	15
43	10	10	10	10	12	12	12	12	15	5	15	15	15	15	7	7	7
44	14	14	14	14	15	15	15	15	17	17	17	17	17	17	18	18	18
45	15	15	15	15	11	11	11	11	18	18	18	18	18	18	10	10	10
46	18	18	18	11	17	17	17	17	10	10	10	10	10	10	18	18	18
47	13	13	13	13	11	11	11	11	12	12	12	12	12	12	16	16	16
48	17	17	17	13	15	15	15	15	14	14	14	14	14	14	15	15	15
49	16	16	16	16	19	19	19	19	11	11	11	11	11	11	15	15	15
50	17	17	17	17	19	9	9	9	16	16	16	16	16	16	17	17	17
51	18	18	18	18	12	12	12	12	12	12	12	12	12	12	17	17	17
52	10	10	10	10	13	13	13	13	16	16	16	16	16	16	18	18	18
53	12	12	12	12	15	15	15	15	17	17	17	17	17	17	10	10	10
54	13	13	13	13	17	17	17	17	18	18	18	18	18	18	12	12	12

第七章　突发事件下铁路客货流疏解方案研究

续表

区段	XA-BJ	BJ-YP	YP-CD	YP-AK	XA-AK	AK-CQ	AK-XF	XF-HH	HH-CQ	HH-GY	NJ-CQ	LP-GY	NJ-LP	CD-NJ	KM-LP	CD-KM	CQ-GY
55	10	10	10	10	12	12	12	12	15	15	15	15	15	15	17	17	17
56	14	14	14	14	15	15	15	15	17	17	17	17	17	17	18	18	18
57	15	15	15	15	11	11	11	11	8	18	18	18	18	8	10	10	10
58	18	10	18	11	17	17	17	17	10	10	10	10	10	10	18	18	18
59	13	13	13	13	11	11	11	11	12	12	12	12	12	12	16	16	16
60	17	17	17	13	15	15	15	15	14	14	14	14	14	14	15	15	15
61	16	16	16	16	9	9	19	19	11	11	11	11	11	11	15	15	15
62	17	17	17	17	19	19	9	19	16	16	16	16	16	16	17	17	17
63	18	18	18	8	12	12	12	12	12	12	12	12	12	12	17	17	17
64	10	10	10	10	13	13	13	13	16	16	16	16	16	16	18	18	18
65	12	12	12	12	15	15	15	15	17	17	17	17	17	17	10	10	10
66	13	13	13	13	17	17	17	17	15	15	18	8	8	15	12	12	12
67	10	10	10	10	12	12	12	12	15	15	15	15	15	15	17	17	17
68	14	14	14	14	15	15	15	15	17	17	17	17	17	17	18	18	8
69	15	15	15	15	11	11	11	21	18	18	8	18	18	18	10	10	10
70	18	18	8	11	17	17	17	17	10	10	10	10	10	10	18	8	18
71	13	13	13	13	11	11	11	11	12	12	12	12	12	12	16	16	16
72	17	17	17	13	15	15	15	15	14	14	14	14	14	14	15	15	15
73	16	16	16	16	19	19	19	19	11	11	11	11	11	11	15	15	15
74	17	17	17	17	9	19	19	9	16	16	16	16	16	16	17	17	17
75	18	8	18	8	12	12	22	12	12	12	12	12	12	22	17	17	18
76	10	10	10	10	13	13	23	13	16	16	16	16	16	16	18	18	10
77	12	12	12	12	15	15	15	15	17	17	17	17	17	17	10	10	12
78	13	13	13	13	17	17	17	17	18	18	18	18	8	18	12	12	17
79	20	10	10	10	12	12	12	12	15	15	15	15	15	15	17	17	17
80	14	14	14	14	15	15	15	15	17	17	17	17	17	17	18	18	18
81	15	15	15	15	11	11	11	11	8	18	8	8	8	18	10	20	10
82	18	18	10	11	17	17	17	17	10	10	10	10	10	10	8	18	18
83	13	13	13	13	11	11	11	11	12	12	12	12	12	12	16	16	16
84	17	17	17	13	15	15	15	15	14	14	14	14	14	14	15	15	15

铁路网抗毁性分析

考虑到目标函数中的权重 α 的大小决定了目标函数考虑因素的侧重程度不同，因此在本算列中，分别计算了 α 为 0、0.5、1 三种情况，采用 VC++联合 Lingo 软件直接求解整数规划（称为方法 A）和运用上文提出的松弛方法求解（称为方法 B）两种情况，在车站装卸能力和线路的通过能力的约束限制下，其计算结果如表 7-8 所示。

表 7-8　计算结果比较

方法	α=0, β=1		α=0.5, β=0.5		α=1, β=0	
	CPU 时间	目标值	CPU 时间	目标值	CPU 时间	目标值
方法 A	1 小时	−585	2 小时	73	1 小时	1902
方法 B	0.5 小时	−618	0.7 小时	65	0.5 小时	1901

由表 7-8 可以看出，当目标函数的参数取值不同时，目标函数值有很大的变化。在相同的输入参数情况下，松弛的方法能够较快地求得较好的满意解，与最优解的相对偏差分别为 5.64%、6.85%和 0.05%，但是在计算时间上节省很多，证明所提出的模型和算法的有效性。下面详细分析解的情况。

表 7-9　α 为 0 时的计算结果统计

车站	XA	BJ	CD	KM	CQ	GY	HH	XF
XA		1 (2)	1 (1)	16 (16)	1 (1)	1 (5)	2 (6)	1 (1)
BJ	1 (3)		1 (1)	24 (24)	1 (1)	11 (11)	17 (17)	1 (1)
CD	1 (1)	1 (1)		5 (6)	1 (1)	1 (1)	3 (3)	2 (1)
KM	13 (13)	19 (19)	1 (1)		1 (1)	1 (1)	1 (1)	16 (16)
CQ	1 (1)	8 (8)	1 (1)	1 (1)		1 (1)	1 (1)	1 (1)
GY	5 (10)	10 (10)	1 (1)	2 (2)	1 (1)		1 (1)	1 (1)
HH	6 (14)	13 (13)	1 (1)	1 (1)	1 (1)	1 (1)		1 (1)
XF	1 (1)	1 (1)	1 (1)	9 (9)		3 (4)	1 (1)	

注：括号外的数据为方法 A 计算的结果；括号中的数据为方法 B 计算的结果。

由表 7-9 中的数据可以看出，目标函数只强调减少车辆的在站停留时间，由方法 A 和方法 B 得到的结果显示，车辆大部分被指定到路程远、运行时间长的节点对间运行,如(XA,KM)、(BJ,KM)、(BJ,HH)、(KM,XF)等,并且开行的列车数比较少,方法 A 为 221 列,方法 B 为 246 列,这样可以减少到站的装卸时间以及停留时间。此时,需求的等级因素对结果没有影响,等级为 3 的需求没有被满足。

表 7-10 α 为 0.5 时的计算结果统计

车站	XA	BJ	CD	KM	CQ	GY	HH	XF
XA		23 (23)	22 (21)	1 (1)	1 (2)	1 (1)	17 (17)	17 (17)
BJ	24 (24)		23 (23)	24 (24)	1 (3)	1 (1)	1 (1)	19 (19)
CD	3 (4)	21 (21)		25 (25)	22 (22)	1 (2)	11 (10)	10 (10)
KM	1 (1)	19 (19)	21 (22)		21 (21)	18 (17)	15 (15)	1 (1)
CQ	14 (14)	10 (11)	12 (12)	7 (6)		15 (15)	13 (13)	9 (9)
GY	10 (10)	10 (10)	14 (14)	15 (15)	22 (22)		1 (1)	4 (7)
HH	1 (1)	1 (1)	32 (32)	17 (17)	12 (12)	28 (28)		1 (1)
XF	22 (22)	1 (1)	12 (12)	1 (1)	16 (16)	5 (7)	27 (28)	

注:括号外的数据为方法 A 计算的结果;括号中的数据为方法 B 计算的结果。

由表 7-10 中的数据可以看出,目标函数同时强调增大列车的开行数和减少车辆的在站停留时间,由方法 A 和方法 B 计算得到的结果显示,由于受 A 类需求在目标函数中的权重大、距离远的节点不利于车辆的有效衔接等因素影响,节点对间的需求等级为 A 类基本都被满足,距离远的节点对的需求大部分没有被满足,方法 A 得出的结果总共开行 696 列,方法 B 总共开行 705 列。

表 7-11 α 为 1 时的计算结果统计

车站	XA	BJ	CD	KM	CQ	GY	HH	XF
XA		23 (23)	22 (22)	16 (15)	10 (10)	14 (13)	17 (17)	17 (17)
BJ	24 (24)		23 (23)	24 (24)	27 (27)	11 (11)	18 (17)	19 (19)
CD	19 (19)	21 (21)		25 (24)	22 (22)	13 (11)	11 (11)	10 (10)
KM	13 (13)	19 (19)	22 (22)		21 (21)	27 (27)	15 (15)	16 (16)
CQ	14 (14)	23 (23)	12 (12)	24 (24)		15 (15)	13 (13)	9 (9)

铁路网抗毁性分析

续表

车站	XA	BJ	CD	KM	CQ	GY	HH	XF
GY	10（10）	10（10）	14（14）	15（15）	22（22）		24（24）	13（13）
HH	22（22）	13（13）	29（32）	17（17）	12（12）	28（28）		17（17）
XF	22（22）	16（16）	12（12）	8（9）	16（16）	20（20）	28（28）	

注：括号外的数据为方法 A 计算的结果；括号中的数据为方法 B 计算的结果。

由表 7-11 中的数据可以看出，目标函数强调增大列车的开行数，由方法 A 和方法 B 得出的结果显示，节点对间的需求等级为 A 类和 B 类基本都被满足，方法 A 的结果总共开行 997 列，方法 B 为 995 列。此时车辆在站停留时间对结果没有影响。

权重系数与需求满足程度、列车在站停留时间的关系如图 7-7、图 7-8 所示。

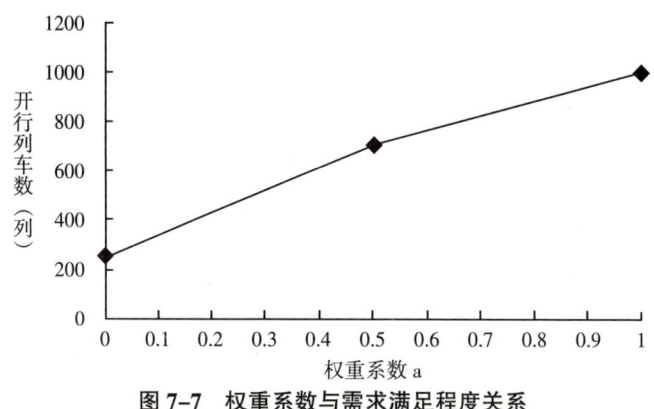

图 7-7　权重系数与需求满足程度关系

从以上分析可以看出，在车站滞留能力和区段通过能力一定的条件下，当通过惩罚列车的在站停留时间，强迫列车运行，会增加区段的拥堵，导致需求满足程度下降。在优化过程中，需要均衡考虑列车的开行数和车辆的周转次数两个因素，权重系数的取值在 0.5 左右为宜。

本书将时空网络时间段长度设置为 1 小时，运用 Lingo 软件在 24 小时内没有求解出结果，运用松弛方法可以求解出来，计算时间为 1.8 个小时，

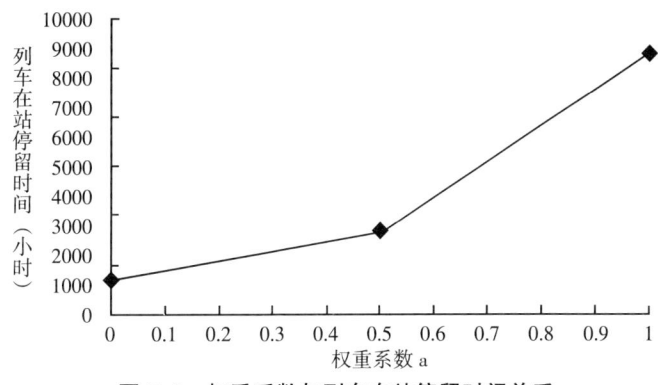

图 7-8 权重系数与列车在站停留时间关系

共迭代 28 次。当网络规模增大或周期增长、规模变大时，采用方法 A，其求解时间会呈指数级增长，甚至不能求解到最优解，但方法 B 采用松弛的方法，能够求解出较优解。

第五节 本章小结

本章研究了以下几方面的内容：

（1）阐述了铁路客、货流疏解方案编制问题，将其分为客流疏解方案和货流疏解方案，分析突发事件下铁路客、货流疏解方案编制问题的多目标性和动态性的特点，并界定了问题的研究边界。

（2）针对突发事件下铁路客流疏解问题，研究了铁路旅客输送径路的优化方法，在构建旅客运输网的基础上，运用 K 短路算法生成了客流疏解路径集，以旅行时间、运输能力等参数筛选出合理的输送径路，并研究了含有必经点的径路生成方法。

（3）针对突发事件下铁路货流疏解问题，研究铁路货流疏解方案的编制方法，在对铁路货流疏解问题特点描述的基础上，构建疏解方案的时空

| 铁路网抗毁性分析

网络图；以最大化列车开行数和车辆的周转次数为目标，构建动态服务网络模型；根据模型的特点，设计了一种按时间周期分段优化的启发式方法求解上述模型；以汶川地震为例，对模型及算法进行验证分析。结果表明，所提出的模型是合理、有效的，该求解方法能较快求解出较优解。

第八章 总结及展望

一、研究结论

铁路网是国民经济的生命线，承担着重要的运输工作，在我国国民经济和社会发展过程中具有不可替代的作用。具有良好抗毁性的铁路网对适应高负载和突发事件、保障铁路网功能的发挥具有重要作用。突发事件发生前如何评估铁路网的抗毁性和突发事件发生后如何恢复铁路网，是具有理论和实际意义的问题。本书通过对铁路网构成及复杂性的分析，提出铁路网抗毁性的定义及分析模型，给出铁路网抗毁性的评估方法。在此基础上，研究了铁路物理网修复方法和铁路客、货流疏解方案编制方法，为突发事件下铁路应急预案的编制提供科学依据。主要研究工作包括：

（1）铁路物理网受突发事件的影响容易出现不连通的现象，铁路旅客运输网具有无标度特性的小世界网络。本书分析了铁路网系统的构成，将铁路网系统分为铁路物理网和铁路运输网，分别构建铁路网的网络模型，以实证的方式分析了铁路网的复杂特性：对于铁路物理网，大部分节点度很低，平均聚集系数接近零，突发事件发生后容易造成网络不连通；对于铁路旅客运输径路网，部分节点的介数非常高，网络中存在关键节点；对于铁路旅客换乘网，平均最短径路很低而聚集系数非常高，是具有无标度特性的小世界网络，其容错性很好，但抗攻击能力不高。

（2）在总结计算机、通信网抗毁性定义的基础上，根据铁路网系统的可恢复和他组织特性，提出了铁路网抗毁性的定义，即突发事件发生后，

| 铁路网抗毁性分析

铁路网维持或恢复其关键服务的能力,可以概括为突发事件、适应性和恢复性三个方面。同时,提出了铁路网抗毁性的分析模型,即描述从突发事件发生时起,到通过采取修复、调度等措施使铁路网恢复到正常状态时止的整个过程。在此基础上,提出了铁路网抗毁性的研究框架。

(3) 研究了铁路网抗毁性评估问题。从铁路物理网和铁路运输网两个层次分别提出抗毁性评估指标,并以突发事件下与正常情况下的网络性能的变化为基础,量化并计算评估指标,网络性能下降越大,其抗毁性能越低。利用提出的评估指标,综合分析突发事件影响过程中各个阶段的抗毁性,可以得出铁路网的整个过程的抗毁性能。通过2008年雨雪冰冻灾害实例分析,得出从铁路物理网和铁路运输网两个方面能够较全面、合理地对铁路网系统进行评估,以突发事件发生前后网络性能变化为基础,量化的指标能够反应铁路网的实际抗毁性能,所提出指标的评估值能够与实际情况相符。

(4) 研究了铁路物理网修复时序方案编制问题。在铁路物理网修复方案制定中,关键节点可能会直接影响到系统的关键服务以及整个系统功能。在借鉴现有关键节点识别指标和方法的基础上,从节点或边被修复后对网络性能的贡献(包括路径的广义费用和恢复的运输量)角度,考虑客、货物运输的优先级和运输需求量,提出关键节点的识别方法。通过算例对指标和识别方法进行验证分析,得出在研究如何识别突发事件下铁路网关键节点或边的问题时,本书提出的方法更加准确。

(5) 研究了铁路客、货流疏解方案编制问题。铁路客、货流疏解问题包括铁路客流疏解问题和铁路货流疏解问题。对于铁路客流疏解问题,针对旅客运输量大、按去向组织旅客运输的特点,通过将等级低的车站合并到等级高的车站构建了铁路旅客运输网,并提出了突发事件下铁路旅客输送合理径路的确定方法;对于铁路货流疏解问题,根据突发事件下铁路货物整车直达、货物输送有优先等级的特点,以列车为对象,将运输需求优先级转化为列车开行的权重系数,构建了包含载运工具调拨的动态服务网络模型,其以列车开行数最多和车辆的周转次数最大为目标。根据模型的特点，设计了一种按时间周期分段优化的启发式方法求解上述模型，通过实例分析比较，验证模型和算法的有效性，其可为突发事件下铁路应急保障预案的编制提供理论指导。

二、主要创新点

本书以铁路网系统为研究对象，以铁路网抗毁性为主线，做了如下创新性工作：

（1）提出铁路网抗毁性的概念模型，即描述了从突发事件发生时起，到通过采取调度、维修等措施使铁路网恢复到稳定状态时止的整个过程，根据离散动态系统理论，将突发事件下铁路网的修复及调度调整视为在外部作用下，系统状态跃迁过程中的决策，提出铁路网抗毁性的分析模型，并提出铁路网抗毁性的研究框架。

（2）提出一种铁路网抗毁性评估的方法。从铁路物理网和铁路运输网两方面提出铁路网抗毁性评估指标，并以突发事件下与正常情况下的网络性能的变化为基础，量化并计算指标，较之单纯精确分析突发事件下的网络性能更能反映实际情况。该方法有利于完整地评估突发事件下铁路网的抗毁性能。

（3）提出突发事件影响下铁路网关键节点的识别方法。现有关键节点的识别方法是从"显著性"和"破坏性"角度识别关键节点。突发事件发生后，网络性能的快速恢复非常重要，因此基于"节点或边被修复后对网络功能的影响"的思路提出关键节点或边的识别方法。根据铁路网系统的特点，指标的量化和计算考虑了客、货物运输的优先级和运输需求量，较之单纯地从铁路网拓扑结构角度识别关键节点更加准确。

（4）提出铁路货流疏解方案编制方法。考虑到突发事件下铁路货物整车直达、货物输送有优先级的特点，构建了包含载运工具调拨的动态服务网络模型，其以列车开行数最多和车辆的周转次数最大为目标。同时，提出了一种按时间分阶段取整的启发式求解方法，该方法借助Lingo求解工具求解松弛模型，结合逐步固定变量为整数值的启发式规则求得较优解。

通过案例分析，与 Lingo 软件直接求解相比较，该算法的求解时间效率高，并且求解结果的偏差较小。

三、研究展望

（1）本书中铁路网抗毁性影响因素与铁路网抗毁性模型的定量作用关系需要结合实际情况进一步深入地分析，有必要确定影响因素与铁路网抗毁性的定量关系。

（2）本书中研究运输网恢复方法时，假定突发事件的毁损传播过程是已知的，其对铁路网的影响范围是确定的，需要对其进一步研究，有必要提出一套突发事件对铁路网影响范围的确定方法。

（3）研究铁路物理网修复时序方案编制问题时，假设在修复过程中，救援队有足够的修复能力，能够快速有效地将受损节点或边修复好。当考虑到救援时间和救援能力的限制时，对多个修复时间短的受损节点或边的同时修复，可能比修复重要性最大的节点对网络性能的贡献大，因此需要研究考虑救援时间和救援能力下，一些受损节点或边集合的重要性评估问题。

（4）突发事件下，运输需求是疏解方案编制的依据，如果运输需求量不准确，那么据此所得的铁路客流和货流疏解方案也很难满足实际需求。本书在研究过程中假设运输需求为给定的值，但突发事件发生后，铁路旅客和货物运输需求量难以准确预测，因此需要进一步研究随机环境下铁路客流和货流疏解方案的编制方法。

（5）针对铁路客流疏解问题，研究了突发事件下输送径路的优化方法，对于疏解方案的编制需要进一步的研究，有必要提出客流疏解方案和货流疏解方案统一编制模型，并设计出快速、高效的算法。

附 录
货物运输网疏解方案算例计算结果

由于数据量较大，本附录列出参数 α 为 0.5 的计算结果，并以天为单位对结果进行统计，结果如附表 1 所示。

附表 1 计算结果

OD =

源点	目的点	天数	运输量	源点	目的点	天数	运输量	源点	目的点	天数	运输量
XA	BJ	1	2	XA	CD	1	1	XA	KM	1	1
XA	BJ	2	0	XA	CD	2	0	XA	KM	2	2
XA	BJ	3	0	XA	CD	3	0	XA	KM	3	0
XA	BJ	4	0	XA	CD	4	0	XA	KM	4	2
XA	BJ	5	0	XA	CD	5	0	XA	KM	5	6
XA	BJ	6	0	XA	CD	6	0	XA	KM	6	5
XA	BJ	7	0	XA	CD	7	0	XA	KM	7	0
XA	CQ	1	1	XA	GY	1	1	XA	HH	1	1
XA	CQ	2	0	XA	GY	2	1	XA	HH	2	1
XA	CQ	3	0	XA	GY	3	1	XA	HH	3	2
XA	CQ	4	0	XA	GY	4	1	XA	HH	4	1
XA	CQ	5	0	XA	GY	5	0	XA	HH	5	0
XA	CQ	6	0	XA	GY	6	0	XA	HH	6	1
XA	CQ	7	0	XA	GY	7	1	XA	HH	7	0
XA	XF	1	1	BJ	XA	1	3	BJ	CD	1	1
XA	XF	2	0	BJ	XA	2	0	BJ	CD	2	0
XA	XF	3	0	BJ	XA	3	0	BJ	CD	3	0
XA	XF	4	0	BJ	XA	4	0	BJ	CD	4	0
XA	XF	5	0	BJ	XA	5	0	BJ	CD	5	0

铁路网抗毁性分析

续表

源点	目的点	天数	运输量	源点	目的点	天数	运输量	源点	目的点	天数	运输量
XA	XF	6	0	BJ	XA	6	0	BJ	CD	6	0
XA	XF	7	0	BJ	XA	7	0	BJ	CD	7	0
BJ	KM	1	1	BJ	CQ	1	1	BJ	GY	1	1
BJ	KM	2	7	BJ	CQ	2	0	BJ	GY	2	0
BJ	KM	3	1	BJ	CQ	3	0	BJ	GY	3	3
BJ	KM	4	9	BJ	CQ	4	0	BJ	GY	4	2
BJ	KM	5	3	BJ	CQ	5	0	BJ	GY	5	3
BJ	KM	6	3	BJ	CQ	6	0	BJ	GY	6	2
BJ	KM	7	0	BJ	CQ	7	0	BJ	GY	7	0
BJ	HH	1	1	BJ	XF	1	1	CD	XA	1	1
BJ	HH	2	3	BJ	XF	2	0	CD	XA	2	0
BJ	HH	3	3	BJ	XF	3	0	CD	XA	3	0
BJ	HH	4	1	BJ	XF	4	0	CD	XA	4	0
BJ	HH	5	2	BJ	XF	5	0	CD	XA	5	0
BJ	HH	6	2	BJ	XF	6	0	CD	XA	6	0
BJ	HH	7	5	BJ	XF	7	0	CD	XA	7	0
CD	BJ	1	1	CD	KM	1	3	CD	CQ	1	1
CD	BJ	2	0	CD	KM	2	3	CD	CQ	2	0
CD	BJ	3	0	CD	KM	3	0	CD	CQ	3	0
CD	BJ	4	0	CD	KM	4	0	CD	CQ	4	0
CD	BJ	5	0	CD	KM	5	0	CD	CQ	5	0
CD	BJ	6	0	CD	KM	6	0	CD	CQ	6	0
CD	BJ	7	0	CD	KM	7	0	CD	CQ	7	0
CD	GY	1	1	CD	HH	1	2	CD	XF	1	1
CD	GY	2	0	CD	HH	2	1	CD	XF	2	0
CD	GY	3	0	CD	HH	3	0	CD	XF	3	0
CD	GY	4	0	CD	HH	4	0	CD	XF	4	0
CD	GY	5	0	CD	HH	5	0	CD	XF	5	0
CD	GY	6	0	CD	HH	6	0	CD	XF	6	0
CD	GY	7	0	CD	HH	7	0	CD	XF	7	0
KM	XA	1	1	KM	BJ	1	1	KM	CD	1	1
KM	XA	2	0	KM	BJ	2	4	KM	CD	2	0
KM	XA	3	1	KM	BJ	3	2	KM	CD	3	0
KM	XA	4	1	KM	BJ	4	4	KM	CD	4	0
KM	XA	5	4	KM	BJ	5	7	KM	CD	5	0

附录　货物运输网疏解方案算例计算结果

续表

源点	目的点	天数	运输量	源点	目的点	天数	运输量	源点	目的点	天数	运输量
KM	XA	6	6	KM	BJ	6	1	KM	CD	6	0
KM	XA	7	0	KM	BJ	7	0	KM	CD	7	0
KM	CQ	1	1	KM	GY	1	1	KM	HH	1	0
KM	CQ	2	0	KM	GY	2	0	KM	HH	2	1
KM	CQ	3	0	KM	GY	3	0	KM	HH	3	0
KM	CQ	4	0	KM	GY	4	0	KM	HH	4	0
KM	CQ	5	0	KM	GY	5	0	KM	HH	5	0
KM	CQ	6	0	KM	GY	6	0	KM	HH	6	0
KM	CQ	7	0	KM	GY	7	0	KM	HH	7	0
KM	XF	1	1	CQ	XA	1	1	CQ	BJ	1	5
KM	XF	2	2	CQ	XA	2	0	CQ	BJ	2	3
KM	XF	3	0	CQ	XA	3	0	CQ	BJ	3	0
KM	XF	4	5	CQ	XA	4	0	CQ	BJ	4	0
KM	XF	5	1	CQ	XA	5	0	CQ	BJ	5	0
KM	XF	6	7	CQ	XA	6	0	CQ	BJ	6	0
KM	XF	7	0	CQ	XA	7	0	CQ	BJ	7	0
CQ	CD	1	1	CQ	KM	1	1	CQ	GY	1	1
CQ	CD	2	0	CQ	KM	2	0	CQ	GY	2	0
CQ	CD	3	0	CQ	KM	3	0	CQ	GY	3	0
CQ	CD	4	0	CQ	KM	4	0	CQ	GY	4	0
CQ	CD	5	0	CQ	KM	5	0	CQ	GY	5	0
CQ	CD	6	0	CQ	KM	6	0	CQ	GY	6	0
CQ	CD	7	0	CQ	KM	7	0	CQ	GY	7	0
CQ	HH	1	1	XQ	XF	1	1	GY	XA	1	1
CQ	HH	2	0	XQ	XF	2	0	GY	XA	2	1
CQ	HH	3	0	XQ	XF	3	0	GY	XA	3	2
CQ	HH	4	0	XQ	XF	4	0	GY	XA	4	2
CQ	HH	5	0	XQ	XF	5	0	GY	XA	5	1
CQ	HH	6	0	XQ	XF	6	0	GY	XA	6	0
CQ	HH	7	0	XQ	XF	7	0	GY	XA	7	3
GY	BJ	1	1	GY	CD	1	1	GY	KM	1	2
GY	BJ	2	2	GY	CD	2	0	GY	KM	2	0
GY	BJ	3	2	GY	CD	3	0	GY	KM	3	0
GY	BJ	4	3	GY	CD	4	0	GY	KM	4	0
GY	BJ	5	2	GY	CD	5	0	GY	KM	5	0

145

铁路网抗毁性分析

续表

源点	目的点	天数	运输量	源点	目的点	天数	运输量	源点	目的点	天数	运输量
GY	BJ	6	0	GY	CD	6	0	GY	KM	6	0
GY	BJ	7	0	GY	CD	7	0	GY	KM	7	0
GY	CQ	1	1	GY	HH	1	1	GY	XF	1	1
GY	CQ	2	0	GY	HH	2	0	GY	XF	2	0
GY	CQ	3	0	GY	HH	3	0	GY	XF	3	0
GY	CQ	4	0	GY	HH	4	0	GY	XF	4	0
GY	CQ	5	0	GY	HH	5	0	GY	XF	5	0
GY	CQ	6	0	GY	HH	6	0	GY	XF	6	0
GY	CQ	7	0	GY	HH	7	0	GY	XF	7	0
HH	XA	1	1	HH	BJ	1	2	HH	CD	1	1
HH	XA	2	2	HH	BJ	2	3	HH	CD	2	0
HH	XA	3	2	HH	BJ	3	4	HH	CD	3	0
HH	XA	4	3	HH	BJ	4	3	HH	CD	4	0
HH	XA	5	1	HH	BJ	5	1	HH	CD	5	0
HH	XA	6	0	HH	BJ	6	0	HH	CD	6	0
HH	XA	7	5	HH	BJ	7	0	HH	CD	7	0
HH	KM	1	1	HH	CQ	1	1	HH	GY	1	1
HH	KM	2	0	HH	CQ	2	0	HH	GY	2	0
HH	KM	3	0	HH	CQ	3	0	HH	GY	3	0
HH	KM	4	0	HH	CQ	4	0	HH	GY	4	0
HH	KM	5	0	HH	CQ	5	0	HH	GY	5	0
HH	KM	6	0	HH	CQ	6	0	HH	GY	6	0
HH	KM	7	0	HH	CQ	7	0	HH	GY	7	0
HH	XF	1	1	XF	XA	1	1	XF	BJ	1	1
HH	XF	2	0	XF	XA	2	0	XF	BJ	2	0
HH	XF	3	0	XF	XA	3	0	XF	BJ	3	0
HH	XF	4	0	XF	XA	4	0	XF	BJ	4	0
HH	XF	5	0	XF	XA	5	0	XF	BJ	5	0
HH	XF	6	0	XF	XA	6	0	XF	BJ	6	0
HH	XF	7	0	XF	XA	7	0	XF	BJ	7	0
XF	CD	1	1	XF	KM	1	1	XF	CQ	1	1
XF	CD	2	0	XF	KM	2	1	XF	CQ	2	0
XF	CD	3	0	XF	KM	3	1	XF	CQ	3	0
XF	CD	4	0	XF	KM	4	0	XF	CQ	4	0
XF	CD	5	0	XF	KM	5	5	XF	CQ	5	0

续表

源点	目的点	天数	运输量	源点	目的点	天数	运输量	源点	目的点	天数	运输量
XF	CD	6	0	XF	KM	6	1	XF	CQ	6	0
XF	CD	7	0	XF	KM	7	0	XF	CQ	7	0
XF	GY	1	0	XF	HH	1	1				
XF	GY	2	3	XF	HH	2	0				
XF	GY	3	1	XF	HH	3	0				
XF	GY	4	0	XF	HH	4	0				
XF	GY	5	0	XF	HH	5	0				
XF	GY	6	0	XF	HH	6	0				
XF	GY	7	0	XF	HH	7	0				

附表 2 计算结果

OA =

源点	目的点	天数	运输量	源点	目的点	天数	运输量	源点	目的点	天数	运输量
XA	BJ	1	3	XA	CD	1	2	XA	KM	1	2
XA	BJ	2	0	XA	CD	2	0	XA	KM	2	0
XA	BJ	3	0	XA	CD	3	0	XA	KM	3	0
XA	BJ	4	0	XA	CD	4	0	XA	KM	4	0
XA	BJ	5	0	XA	CD	5	0	XA	KM	5	0
XA	BJ	6	0	XA	CD	6	0	XA	KM	6	0
XA	BJ	7	0	XA	CD	7	0	XA	KM	7	0
XA	CQ	1	2	XA	GY	1	2	XA	HH	1	3
XA	CQ	2	0	XA	GY	2	0	XA	HH	2	3
XA	CQ	3	0	XA	GY	3	0	XA	HH	3	0
XA	CQ	4	0	XA	GY	4	0	XA	HH	4	0
XA	CQ	5	0	XA	GY	5	0	XA	HH	5	0
XA	CQ	6	0	XA	GY	6	0	XA	HH	6	0
XA	CQ	7	0	XA	GY	7	0	XA	HH	7	0
XA	XF	1	2	BJ	XA	1	3	BJ	CD	1	2
XA	XF	2	0	BJ	XA	2	0	BJ	CD	2	0
XA	XF	3	0	BJ	XA	3	0	BJ	CD	3	0
XA	XF	4	0	BJ	XA	4	0	BJ	CD	4	0
XA	XF	5	0	BJ	XA	5	0	BJ	CD	5	0
XA	XF	6	0	BJ	XA	6	0	BJ	CD	6	0
XA	XF	7	0	BJ	XA	7	0	BJ	CD	7	0
BJ	KM	1	2	BJ	CQ	1	2	BJ	GY	1	2

铁路网抗毁性分析

续表

源点	目的点	天数	运输量	源点	目的点	天数	运输量	源点	目的点	天数	运输量
BJ	KM	2	2	BJ	CQ	2	0	BJ	GY	2	0
BJ	KM	3	0	BJ	CQ	3	0	BJ	GY	3	0
BJ	KM	4	0	BJ	CQ	4	0	BJ	GY	4	0
BJ	KM	5	0	BJ	CQ	5	0	BJ	GY	5	0
BJ	KM	6	0	BJ	CQ	6	0	BJ	GY	6	0
BJ	KM	7	0	BJ	CQ	7	0	BJ	GY	7	0
BJ	HH	1	2	BJ	XF	1	2	CD	XA	1	2
BJ	HH	2	0	BJ	XF	2	0	CD	XA	2	0
BJ	HH	3	0	BJ	XF	3	0	CD	XA	3	0
BJ	HH	4	0	BJ	XF	4	0	CD	XA	4	0
BJ	HH	5	0	BJ	XF	5	0	CD	XA	5	0
BJ	HH	6	0	BJ	XF	6	0	CD	XA	6	0
BJ	HH	7	0	BJ	XF	7	0	CD	XA	7	0
CD	BJ	1	2	CD	KM	1	2	CD	CQ	1	2
CD	BJ	2	0	CD	KM	2	0	CD	CQ	2	0
CD	BJ	3	0	CD	KM	3	0	CD	CQ	3	0
CD	BJ	4	0	CD	KM	4	0	CD	CQ	4	0
CD	BJ	5	0	CD	KM	5	0	CD	CQ	5	0
CD	BJ	6	0	CD	KM	6	0	CD	CQ	6	0
CD	BJ	7	0	CD	KM	7	0	CD	CQ	7	0
CD	GY	1	2	CD	HH	1	2	CD	XF	1	2
CD	GY	2	0	CD	HH	2	0	CD	XF	2	0
CD	GY	3	0	CD	HH	3	0	CD	XF	3	0
CD	GY	4	0	CD	HH	4	0	CD	XF	4	0
CD	GY	5	0	CD	HH	5	0	CD	XF	5	0
CD	GY	6	0	CD	HH	6	0	CD	XF	6	0
CD	GY	7	0	CD	HH	7	0	CD	XF	7	0
KM	XA	1	2	KM	BJ	1	3	KM	CD	1	2
KM	XA	2	0	KM	BJ	2	0	KM	CD	2	0
KM	XA	3	0	KM	BJ	3	0	KM	CD	3	0
KM	XA	4	0	KM	BJ	4	0	KM	CD	4	0
KM	XA	5	0	KM	BJ	5	0	KM	CD	5	0
KM	XA	6	0	KM	BJ	6	0	KM	CD	6	0
KM	XA	7	0	KM	BJ	7	0	KM	CD	7	0
KM	CQ	1	2	KM	GY	1	2	KM	HH	1	12

附录　货物运输网疏解方案算例计算结果

续表

源点	目的点	天数	运输量	源点	目的点	天数	运输量	源点	目的点	天数	运输量
KM	CQ	2	0	KM	GY	2	0	KM	HH	2	2
KM	CQ	3	0	KM	GY	3	0	KM	HH	3	0
KM	CQ	4	0	KM	GY	4	0	KM	HH	4	0
KM	CQ	5	0	KM	GY	5	0	KM	HH	5	0
KM	CQ	6	0	KM	GY	6	0	KM	HH	6	0
KM	CQ	7	0	KM	GY	7	0	KM	HH	7	0
KM	XF	1	2	CQ	XA	1	2	CQ	BJ	1	2
KM	XF	2	0	CQ	XA	2	0	CQ	BJ	2	0
KM	XF	3	0	CQ	XA	3	0	CQ	BJ	3	0
KM	XF	4	0	CQ	XA	4	0	CQ	BJ	4	0
KM	XF	5	0	CQ	XA	5	0	CQ	BJ	5	0
KM	XF	6	0	CQ	XA	6	0	CQ	BJ	6	0
KM	XF	7	0	CQ	XA	7	0	CQ	BJ	7	0
CQ	CD	1	2	CQ	KM	1	2	CQ	GY	1	2
CQ	CD	2	0	CQ	KM	2	0	CQ	GY	2	0
CQ	CD	3	0	CQ	KM	3	0	CQ	GY	3	0
CQ	CD	4	0	CQ	KM	4	0	CQ	GY	4	0
CQ	CD	5	0	CQ	KM	5	0	CQ	GY	5	0
CQ	CD	6	0	CQ	KM	6	0	CQ	GY	6	0
CQ	CD	7	0	CQ	KM	7	0	CQ	GY	7	0
CQ	HH	1	2	XQ	XF	1	2	GY	XA	1	2
CQ	HH	2	0	XQ	XF	2	0	GY	XA	2	0
CQ	HH	3	0	XQ	XF	3	0	GY	XA	3	0
CQ	HH	4	0	XQ	XF	4	0	GY	XA	4	0
CQ	HH	5	0	XQ	XF	5	0	GY	XA	5	0
CQ	HH	6	0	XQ	XF	6	0	GY	XA	6	0
CQ	HH	7	0	XQ	XF	7	0	GY	XA	7	0
GY	BJ	1	2	GY	CD	1	2	GY	KM	1	2
GY	BJ	2	0	GY	CD	2	0	GY	KM	2	0
GY	BJ	3	0	GY	CD	3	0	GY	KM	3	0
GY	BJ	4	0	GY	CD	4	0	GY	KM	4	0
GY	BJ	5	0	GY	CD	5	0	GY	KM	5	0
GY	BJ	6	0	GY	CD	6	0	GY	KM	6	0
GY	BJ	7	0	GY	CD	7	0	GY	KM	7	0
GY	CQ	1	2	GY	HH	1	2	GY	XF	1	2

铁路网抗毁性分析

续表

源点	目的点	天数	运输量	源点	目的点	天数	运输量	源点	目的点	天数	运输量
GY	CQ	2	0	GY	HH	2	0	GY	XF	2	0
GY	CQ	3	0	GY	HH	3	0	GY	XF	3	0
GY	CQ	4	0	GY	HH	4	0	GY	XF	4	0
GY	CQ	5	0	GY	HH	5	0	GY	XF	5	0
GY	CQ	6	0	GY	HH	6	0	GY	XF	6	0
GY	CQ	7	0	GY	HH	7	0	GY	XF	7	0
HH	XA	1	5	HH	BJ	1	2	HH	CD	1	2
HH	XA	2	0	HH	BJ	2	0	HH	CD	2	0
HH	XA	3	0	HH	BJ	3	0	HH	CD	3	0
HH	XA	4	1	HH	BJ	4	3	HH	CD	4	0
HH	XA	5	0	HH	BJ	5	0	HH	CD	5	0
HH	XA	6	0	HH	BJ	6	0	HH	CD	6	0
HH	XA	7	0	HH	BJ	7	0	HH	CD	7	0
HH	KM	1	2	HH	CQ	1	2	HH	GY	1	2
HH	KM	2	0	HH	CQ	2	0	HH	GY	2	0
HH	KM	3	0	HH	CQ	3	0	HH	GY	3	0
HH	KM	4	0	HH	CQ	4	0	HH	GY	4	0
HH	KM	5	0	HH	CQ	5	0	HH	GY	5	0
HH	KM	6	0	HH	CQ	6	0	HH	GY	6	0
HH	KM	7	0	HH	CQ	7	0	HH	GY	7	0
HH	XF	1	2	XF	XA	1	2	XF	BJ	1	2
HH	XF	2	0	XF	XA	2	0	XF	BJ	2	0
HH	XF	3	0	XF	XA	3	0	XF	BJ	3	0
HH	XF	4	0	XF	XA	4	0	XF	BJ	4	0
HH	XF	5	0	XF	XA	5	0	XF	BJ	5	0
HH	XF	6	0	XF	XA	6	0	XF	BJ	6	0
HH	XF	7	0	XF	XA	7	0	XF	BJ	7	0
XF	CD	1	2	XF	KM	1	2	XF	CQ	1	2
XF	CD	2	0	XF	KM	2	0	XF	CQ	2	0
XF	CD	3	0	XF	KM	3	0	XF	CQ	3	0
XF	CD	4	0	XF	KM	4	0	XF	CQ	4	0
XF	CD	5	0	XF	KM	5	0	XF	CQ	5	0
XF	CD	6	0	XF	KM	6	0	XF	CQ	6	0
XF	CD	7	0	XF	KM	7	0	XF	CQ	7	0
XF	GY	1	12	XF	HH	1	5				

续表

源点	目的点	天数	运输量	源点	目的点	天数	运输量	源点	目的点	天数	运输量
XF	GY	2	0	XF	HH	2	0				
XF	GY	3	0	XF	HH	3	0				
XF	GY	4	0	XF	HH	4	0				
XF	GY	5	0	XF	HH	5	0				
XF	GY	6	0	XF	HH	6	0				
XF	GY	7	0	XF	HH	7	0				

附表3 计算结果

DA =

源点	目的点	天数	运输量	源点	目的点	天数	运输量	源点	目的点	天数	运输量
XA	BJ	1	6	XA	CD	1	3	XA	KM	1	1
XA	BJ	2	0	XA	CD	2	0	XA	KM	2	5
XA	BJ	3	0	XA	CD	3	0	XA	KM	3	4
XA	BJ	4	0	XA	CD	4	0	XA	KM	4	0
XA	BJ	5	0	XA	CD	5	0	XA	KM	5	4
XA	BJ	6	0	XA	CD	6	0	XA	KM	6	12
XA	BJ	7	0	XA	CD	7	0	XA	KM	7	0
XA	CQ	1	2	XA	GY	1	2	XA	HH	1	1
XA	CQ	2	0	XA	GY	2	2	XA	HH	2	11
XA	CQ	3	0	XA	GY	3	2	XA	HH	3	10
XA	CQ	4	0	XA	GY	4	2	XA	HH	4	2
XA	CQ	5	0	XA	GY	5	2	XA	HH	5	1
XA	CQ	6	0	XA	GY	6	0	XA	HH	6	1
XA	CQ	7	0	XA	GY	7	0	XA	HH	7	3
XA	XF	1	0	BJ	XA	1	1	BJ	CD	1	2
XA	XF	2	0	BJ	XA	2	0	BJ	CD	2	0
XA	XF	3	0	BJ	XA	3	0	BJ	CD	3	0
XA	XF	4	0	BJ	XA	4	0	BJ	CD	4	0
XA	XF	5	0	BJ	XA	5	0	BJ	CD	5	0
XA	XF	6	0	BJ	XA	6	0	BJ	CD	6	0
XA	XF	7	5	BJ	XA	7	0	BJ	CD	7	0
BJ	KM	1	1	BJ	CQ	1	2	BJ	GY	1	0
BJ	KM	2	2	BJ	CQ	2	1	BJ	GY	2	2
BJ	KM	3	8	BJ	CQ	3	0	BJ	GY	3	0
BJ	KM	4	8	BJ	CQ	4	0	BJ	GY	4	6

铁路网抗毁性分析

续表

源点	目的点	天数	运输量	源点	目的点	天数	运输量	源点	目的点	天数	运输量
BJ	KM	5	18	BJ	CQ	5	0	BJ	GY	5	4
BJ	KM	6	6	BJ	CQ	6	0	BJ	GY	6	3
BJ	KM	7	0	BJ	CQ	7	0	BJ	GY	7	3
BJ	HH	1	0	BJ	XF	1	3	CD	XA	1	4
BJ	HH	2	2	BJ	XF	2	0	CD	XA	2	0
BJ	HH	3	6	BJ	XF	3	0	CD	XA	3	0
BJ	HH	4	7	BJ	XF	4	0	CD	XA	4	0
BJ	HH	5	2	BJ	XF	5	0	CD	XA	5	0
BJ	HH	6	2	BJ	XF	6	0	CD	XA	6	0
BJ	HH	7	6	BJ	XF	7	0	CD	XA	7	0
CD	BJ	1	2	CD	KM	1	1	CD	CQ	1	3
CD	BJ	2	0	CD	KM	2	11	CD	CQ	2	0
CD	BJ	3	0	CD	KM	3	0	CD	CQ	3	0
CD	BJ	4	0	CD	KM	4	0	CD	CQ	4	0
CD	BJ	5	0	CD	KM	5	0	CD	CQ	5	0
CD	BJ	6	0	CD	KM	6	0	CD	CQ	6	0
CD	BJ	7	0	CD	KM	7	0	CD	CQ	7	0
CD	GY	1	3	CD	HH	1	1	CD	XF	1	2
CD	GY	2	0	CD	HH	2	5	CD	XF	2	1
CD	GY	3	0	CD	HH	3	0	CD	XF	3	0
CD	GY	4	0	CD	HH	4	0	CD	XF	4	0
CD	GY	5	0	CD	HH	5	0	CD	XF	5	0
CD	GY	6	0	CD	HH	6	0	CD	XF	6	0
CD	GY	7	0	CD	HH	7	0	CD	XF	7	0
KM	XA	1	3	KM	BJ	1	3	KM	CD	1	2
KM	XA	2	3	KM	BJ	2	3	KM	CD	2	1
KM	XA	3	0	KM	BJ	3	6	KM	CD	3	0
KM	XA	4	0	KM	BJ	4	6	KM	CD	4	0
KM	XA	5	4	KM	BJ	5	8	KM	CD	5	0
KM	XA	6	7	KM	BJ	6	14	KM	CD	6	0
KM	XA	7	1	KM	BJ	7	0	KM	CD	7	0
KM	CQ	1	3	KM	GY	1	2	KM	HH	1	0
KM	CQ	2	0	KM	GY	2	0	KM	HH	2	2
KM	CQ	3	0	KM	GY	3	0	KM	HH	3	0
KM	CQ	4	0	KM	GY	4	0	KM	HH	4	0

附录 货物运输网疏解方案算例计算结果

续表

源点	目的点	天数	运输量	源点	目的点	天数	运输量	源点	目的点	天数	运输量
KM	CQ	5	0	KM	GY	5	0	KM	HH	5	0
KM	CQ	6	0	KM	GY	6	0	KM	HH	6	0
KM	CQ	7	0	KM	GY	7	0	KM	HH	7	0
KM	XF	1	3	CQ	XA	1	3	CQ	BJ	1	2
KM	XF	2	3	CQ	XA	2	0	CQ	BJ	2	15
KM	XF	3	4	CQ	XA	3	0	CQ	BJ	3	0
KM	XF	4	0	CQ	XA	4	0	CQ	BJ	4	0
KM	XF	5	10	CQ	XA	5	0	CQ	BJ	5	0
KM	XF	6	2	CQ	XA	6	0	CQ	BJ	6	0
KM	XF	7	0	CQ	XA	7	0	CQ	BJ	7	0
CQ	CD	1	3	CQ	KM	1	3	CQ	GY	1	2
CQ	CD	2	0	CQ	KM	2	0	CQ	GY	2	0
CQ	CD	3	0	CQ	KM	3	0	CQ	GY	3	0
CQ	CD	4	0	CQ	KM	4	0	CQ	GY	4	0
CQ	CD	5	0	CQ	KM	5	0	CQ	GY	5	0
CQ	CD	6	0	CQ	KM	6	0	CQ	GY	6	0
CQ	CD	7	0	CQ	KM	7	0	CQ	GY	7	0
CQ	HH	1	3	XQ	XF	1	2	GY	XA	1	0
CQ	HH	2	0	XQ	XF	2	0	GY	XA	2	2
CQ	HH	3	0	XQ	XF	3	0	GY	XA	3	3
CQ	HH	4	0	XQ	XF	4	0	GY	XA	4	3
CQ	HH	5	0	XQ	XF	5	0	GY	XA	5	4
CQ	HH	6	0	XQ	XF	6	0	GY	XA	6	2
CQ	HH	7	0	XQ	XF	7	0	GY	XA	7	0
GY	BJ	1	2	GY	CD	1	3	GY	KM	1	3
GY	BJ	2	2	GY	CD	2	0	GY	KM	2	2
GY	BJ	3	4	GY	CD	3	0	GY	KM	3	0
GY	BJ	4	4	GY	CD	4	0	GY	KM	4	0
GY	BJ	5	4	GY	CD	5	0	GY	KM	5	0
GY	BJ	6	3	GY	CD	6	0	GY	KM	6	0
GY	BJ	7	0	GY	CD	7	0	GY	KM	7	0
GY	CQ	1	2	GY	HH	1	6	GY	XF	1	0
GY	CQ	2	0	GY	HH	2	3	GY	XF	2	2
GY	CQ	3	0	GY	HH	3	0	GY	XF	3	0
GY	CQ	4	0	GY	HH	4	0	GY	XF	4	0

铁路网抗毁性分析

续表

源点	目的点	天数	运输量	源点	目的点	天数	运输量	源点	目的点	天数	运输量
GY	CQ	5	0	GY	HH	5	0	GY	XF	5	0
GY	CQ	6	0	GY	HH	6	0	GY	XF	6	0
GY	CQ	7	0	GY	HH	7	0	GY	XF	7	0
HH	XA	1	1	HH	BJ	1	1	HH	CD	1	2
HH	XA	2	2	HH	BJ	2	4	HH	CD	2	1
HH	XA	3	4	HH	BJ	3	6	HH	CD	3	0
HH	XA	4	4	HH	BJ	4	8	HH	CD	4	0
HH	XA	5	6	HH	BJ	5	5	HH	CD	5	0
HH	XA	6	2	HH	BJ	6	3	HH	CD	6	0
HH	XA	7	0	HH	BJ	7	0	HH	CD	7	0
HH	KM	1	2	HH	CQ	1	2	HH	GY	1	2
HH	KM	2	0	HH	CQ	2	0	HH	GY	2	0
HH	KM	3	0	HH	CQ	3	0	HH	GY	3	0
HH	KM	4	0	HH	CQ	4	0	HH	GY	4	0
HH	KM	5	0	HH	CQ	5	0	HH	GY	5	0
HH	KM	6	0	HH	CQ	6	0	HH	GY	6	0
HH	KM	7	0	HH	CQ	7	0	HH	GY	7	0
HH	XF	1	3	XF	XA	1	4	XF	BJ	1	3
HH	XF	2	0	XF	XA	2	0	XF	BJ	2	0
HH	XF	3	0	XF	XA	3	0	XF	BJ	3	0
HH	XF	4	0	XF	XA	4	0	XF	BJ	4	0
HH	XF	5	0	XF	XA	5	0	XF	BJ	5	0
HH	XF	6	0	XF	XA	6	0	XF	BJ	6	0
HH	XF	7	0	XF	XA	7	0	XF	BJ	7	0
XF	CD	1	1	XF	KM	1	0	XF	CQ	1	2
XF	CD	2	1	XF	KM	2	3	XF	CQ	2	0
XF	CD	3	0	XF	KM	3	2	XF	CQ	3	0
XF	CD	4	0	XF	KM	4	0	XF	CQ	4	0
XF	CD	5	0	XF	KM	5	2	XF	CQ	5	0
XF	CD	6	0	XF	KM	6	10	XF	CQ	6	0
XF	CD	7	0	XF	KM	7	0	XF	CQ	7	0
XF	GY	1	1	XF	HH	1	2				
XF	GY	2	3	XF	HH	2	1				
XF	GY	3	3	XF	HH	3	0				

附录 货物运输网疏解方案算例计算结果

续表

源点	目的点	天数	运输量	源点	目的点	天数	运输量	源点	目的点	天数	运输量
XF	GY	4	2	XF	HH	4	0				
XF	GY	5	0	XF	HH	5	0				
XF	GY	6	0	XF	HH	6	0				
XF	GY	7	0	XF	HH	7	0				

参考文献

[1] Albert R., Jeong H., Barabási A. L.. Error and attack tolerance of complex networks [J]. Nature, 2000, 406 (6794): 378-382.

[2] Amaral L. A., Scala A., Barthélemy M., Stanley H. E.. Classes of small-word networks [C]. Proceedings of the National Academy of Sciences USA, 2000, 97 (21): 11149-11152.

[3] Arimura M., Tamura T., Saito K.. Application of genetic algorithms model for road investment of restoration planning [J]. Proceedings of the Eastern Asia Society for Transportation Studies, 1999 (2): 55-69.

[4] Bagler G.. Analysis of the airport network of india as a complex weighted network [J]. Physica A: Statistical Mechanics and its Applications, 2008, 387 (12): 2972-2980.

[5] Barabási A. L., Albert R. Emergence of scaling in random networks [J]. Science, 1999 (286): 509-512.

[6] Barbarosoglu G., özdamar L., Cevik A.. An interactive approach for hierarchical analysis of helicopter logistics in disaster relief operations [J]. European Journal of Operational Research, 2002, 140 (1): 118-133.

[7] Barrat A., Barthélemy M., Vespignani A.. The effects of spstial constraints on the evolution of weighted complex networks [J]. Journal of Statistical Mechanics: Theory and Experiment, 2005, 5 (3): 799-803.

[8] Baxter R. S., Leniz G.. The measurement of relative accessibility [J].

Regional Studies, 1975, 9 (1): 15-26.

[9] Bell M. G. H., Lida Y.. Transportation network analysis [C]. England: John Wiley And Sons Ltd (Online), 2014.

[10] Berkoune D., Renaud J., Rekik M., Ruiz A.. Transport-Ation in disaster response operations[J]. Socio-Economic Planning Sciences, 2012, 46 (1): 23-32.

[11] Boccaletti S., Latora V., Moreno Y., Chavez M., Hwang D. -U.. Complex networks: Structure and dynamic [J]. Physics Reports, 2006, 424 (4-5): 175-308.

[12] Bowen J.. Ariline hubs in southeast asia: national economic development and nodal accessibility [J]. Journal of Transport Geography, 2000, 8 (1): 25-41.

[13] Brehenny M. J.. The Measurement of spatial opportunity in strategic planning [J]. Regional Studies, 1978 (12): 463-479.

[14] Burt R. S., Minor M. J.. Applied network analysis [C]. Canadian Journal of Sociology, 1983, 63 (3): 195-222.

[15] Carroll J. M.. Scenarios and design cognition [C]. Washington: Proceeding of the IEEE Joint International Conference on Requirements Engineering, 2002.

[16] Caunhye A. M., Nie X. F., Pokharel S.. Optimization models in emergency logistics: A literature review [J]. Socio-Economic Planning Science, 2012, 46 (1): 4-13.

[17] Chen A., Yang C., Kongsomsaksakul S., Ming L.. Network-based accessibility measures for vulnerability analysis of degradable transportation networks [J]. Networks and Spitial Economics, 2007, 7 (3): 241-256.

[18] Chen Y. W., Tzeng G. H.. A fuzzy multi-objective model for reconstructing the post-quake road-network by genetic algorithm [J]. International Journal of Fuzzy System, 1999, 1 (2): 85-95.

[19] Cordeau, J. F., Toth P. and Vig D.. A survey of optimization models for train routing and scheduling [J]. Transportation Science, 1998, 32 (4): 380-404.

[20] Crainic T. G.. Service network design in freight transportation [J]. European Journal of Operational Research, 2000, 122 (2): 272-288.

[21] Crucitti P., Latora V., Porta S.. Centrality measures in spatial networks of urban streets [J]. Physical Review E, 2006, 73 (3): 36-47.

[22] Dejax P. J., Crainic T. G.. A Review of empty flows and fleet management models in freight transportation [J]. Transportation Science, 1987, 21 (4): 227-248.

[23] Eldessouki W. M.. Some development in transportation network analysis and design with application to emergency management problems [C]. Evacuation, 1998.

[24] Equi L., Gallo C., Marziale S., Weintraub A.. A combined transportation and scheduling problem [J]. European Journal of Operational Research, 1997, 97 (1): 94-104.

[25] Erath A., Lochl M., Axhausen K. W.. Graph-theoretical analysis of the Swiss road and railway networks [J]. Networks and Spatial Economics, 2009, 9 (3): 379-400.

[26] Farvolden, J. M., Powell W. B.. Subgradient method for the service network design problem [J]. Transportation Science, 1994, 28 (3): 256-272.

[27] Feng C. M., Wang T. C.. Highway emergency rehabilitation scheduling in post-earthquake 72 hours [J]. Journal of the 5th Eastern Asia Society for Transportation Studies, 2003 (5): 3276-3285.

[28] Fiedrich F., Gehbauer F., Rickers U.. Optimized resource allocation for emergency response after earthquake disasters [J]. Safety Science, 2000, 35 (1-3): 41-57.

[29] Freeman L. C., Borgatti S. P., White D. R.. Centrality in valued

graphs: A measure of betweenness based on network flow [J]. Social Networks, 1991, 13 (2): 141-154.

[30] Fukasawa R., Aragão M. V. P. D., Porto O., Uchoa E.. Solving the freight car flow problem to optimality [J]. Electronic Notes in Theoretical Computer Science, 2002, 66 (6): 42-52.

[31] Galindo G., Batta R., Review of recent developments in OR/MS research in disaster operations management [J]. European Journal of Operational Research, 2013 (230): 201-211.

[32] Glickman T. S., Sherali H. D.. Large-scale network distribution of pooled empty freight cars over time, with limited substitution and equitable benefits [J]. Transportation Research Part B, 1985, 19 (2): 85-94.

[33] Gorenstein S., Poley S., White W.. On the scheduling of the railroad freight operations [R]. IBM Philadelphia Scientific Center, IBM, 1971.

[34] Guimerà R., Amaral L. A. N.. Modeling the world-wide airport network [J]. The European Physical Journal B, 2004, 38 (2): 381-385.

[35] Haghani A.. Rail freight transportation: a Review of recent optimization models for train routing and empty car distribution [J]. Journal of Advanced Transportation, 1987, 21 (2): 147-172.

[36] Haghani A., Oh S. C.. Formulation and solution of a multi-commodity, multi-modal network flow for disaster relief operation [J]. Transportation Research A, 1996, 30 (3): 231-250.

[37] Hansen W. G.. How accessibility shapes land use [J]. Journal of the American institute of planners, 1959, 25 (2): 73-76.

[38] Heegaard P. E., Trivedi K. S.. Network survivability modeling [J]. Computer Network: The International Journal of Computer and Telecommunications Networking, 2009, 53 (8): 1215-1334.

[39] Hershberger J., Maxel M., Suri S.. Finding the K shortest simple paths: A new algorithm and its implementation [J]. ACM Transactions on

Algorithms, 2007, 3 (4): 45.

[40] Holmberg K., Joborn M., Lundgren J. T.. Improved empty freight car distribution [J]. Transportation science, 1998, 32 (2): 163-173.

[41] Javier G., Rafael G., Gabriel G.. The European high-speed train network [J]. Journal of Transport Geography, 1996 (4): 227-238.

[42] Jenelius E.. Redundancy importance: Links as rerouting alternatives during road network disruptions [J]. Procedia Engineering, 2010, 3 (12): 129-137.

[43] Jenelius E., Petersen T., Mattsson L. G.. Importance and exposure in road network vulnerability analysis [J]. Transportation Research Part A, 2006, 40 (7): 537-560.

[44] Kang H. Z., Butler C., YANG Q. P.. A new survivability measure for military communication networks [C]. Proceedings of IEEE Military Communications Conference, 1998, 1 (1): 71-75.

[45] Kim D.. Large scale transportation service network design: Models, algorithms and applications [D]. Cambridge: Massachusetts Institute of Technology, 1997.

[46] Kim D., Barnhart C..Transportation service network design: Models and algorithms [A]. Berlin: Computer-Aided Transit Scheduling, 1999, Volume 471 of the series Lecture notes in economics and mathematical systems: 259-283.

[47] Kim D., Barnhart C., Ware K. Reinhardt G.. Multimodal express package delivery: A service network design application [J]. Transportation Science, 1999, 33 (4): 391-407.

[48] Kirby H. R.. Accessibility indices for abstract road networks [J]. Regional Studies, 1976, 10 (10): 479-482.

[49] Latora V., Marchiori M.. Is the Boston subway a small-world network? [J]. Physica A, 2002 (314): 109-113.

[50] Latora V., Marchiori M.. Vulnerability and protection of infrastructure networks [J]. Phys. Rev. E, 2005 (71): 15-19.

[51] Linneker B., Spence N.. Road transport infrastructure and regional economic development: The regional development effects of the M25 london orbital motorway [J]. Journal of Transport Geography, 1996, 4 (2): 77-92.

[52] Li W., Cai X.. Empirical analysis of a scale-free railway network in china [J]. Physica A, 2007, 382 (2): 693-703.

[53] Li W., Cai X.. Statistical analysis of airport network of China [J]. Physical Review E, 2004, 69 (42): 396-400.

[54] Magnanti T. L., Wong R. T.. Network design and transportation planning: Models and algorithms [J]. Transportation Science, 1984, 18 (1): 1-55.

[55] Matisziw T. C., Murray A. T.. Modeling s-t path availability to support disaster vulnerability assessment of network infrastructure [J]. Computers and Operations Research, 2009, 36 (1): 16-26.

[56] Milgram S.. The small world problem [J]. Psychology Today, 1967 (2): 60-67.

[57] Mitchell C. G. B., Town S. W.. Accessibility of various social groups to different activities [C]. In Supplementary Report 258, Transportation and Road Research Laboratory, Crowthorne Berks, 1977.

[58] Muraco W. A.. Intraurban accessibility [J]. Economic Geography, 1972, 48 (4): 388-405.

[59] Murray A. T., Matisziw T. C., Grubesic T. H.. A methodological overview of network vulnerability analysis [J]. Growth and Change, 2008, 39 (4): 573-592.

[60] Nicholson A.. Transport network reliability measurement and analysis [J]. Transportes, 2003, 11 (2): 49-62.

[61] Ouimet G. P., Fullerton H. V.. Empty freight car distribution Study

[D]. Canada: Queen's University, 1974.

[62] Pool I. D. S., Kochen M.. Contacts and influence [J]. Social Networks, 1979, 1 (1): 5-51.

[63] Powell W. B.. A local improvement heuristic for the design of less-than-truckload motor carrier networks [J]. Transportation Science, 1989, 20 (4): 246-357.

[64] Qiang Q., Nagurney A.. A unified network performance measure with importance identification and the ranking of network components [J]. Optimization Letters, 2008, 2 (1): 127-142.

[65] Rathi A. K., Solanki R. S., Church R. L.. Allocating resources to support a multicommodity flow with time windows [J]. Logistics and Transportation Review, 1992, 28 (2): 167-188.

[66] Ray J.. A multi-period linear programming model for optimally scheduling the distribution of food-aid in west africa [D]. Knoxville: University of Tennessee, 1987.

[67] Roy J., Delorme L.. Netplan: A network optimization model for tactical planning in the less-than-truckload motor-carrier industry [J]. Centre De Recherche Sur Les Transports Publication, 1989, 27 (1): 22-35.

[68] Sato T., Ichii K.. Optimization of post-earthquake restoration of lifeline networks using genetic algorithms [J]. Proceedings of the Japan Society of Civil Engineers, 1996 (537): 245-256.

[69] Seaton K. A., Hackett L. M.. Station, trains and small-world networks [J]. Physica A, 2004 (339): 635-644.

[70] Sen P., Dasgupta S., Chatterjee A., Sreeram P. A., Mukherjee G., Manna S. S.. Small-world properties of the indian railway network [J]. Physical Review E, 2003, 67 (32): 36106-36110.

[71] Shan Y. S.. A dynamic multi-commodity network flow model for real optimal rail freight car management [D]. Princeton: Princeton University,

1985.

[72] Sienkiewicz J., Holyst J. A.. Public transport systems in Poland: From bialystok to zielona gora by bus and tram using universal statistics of complex networks [J]. Acta Physica Polonica B, 2005, 36 (5): 310-317.

[73] Sienkiewicz J., Holyst J. A.. Statistical analysis of 22 public transport networks in poland [J]. Physical Review E, 2005, 72 (4): 46-51.

[74] Smilowitz K. R., Atamtürk A., Daganzo, C. F.. Deferred item and vehicle routing within integrated networks [J]. Transportation Research E, 2003, 39 (4): 305-323.

[75] Stepanov A., Smith J. M.. Multi-objective evacuation routing in transportation networks [J]. European Journal of Operational Research, 2009 (198): 435-446.

[76] Stewart J. Q., Warntz W.. Macrogeography and social science [J]. Geographical Review, 1958, 48 (2): 167-184.

[77] Tamura T., Sugimoto H., Kamimae T.. Application of genetic algorithms to determining priority of urban road improvement [J]. Proceedings of the Japan Society of Civil Engineers, 1994, 482 (22): 37-46.

[78] Taylor M., Sekhar S. V. C., D'Este G. M.. Application of accessibility based methods for vulnerability analysis of strategic road network [J]. Networks and Spatial Economics, 2006, 6 (3): 267-291.

[79] Tzeng G. H., Cheng H. J., Huang T. D.. Multi-objective optimal planning for designing relief delivery systems [J]. Transportation Research Part E, 2007, 43 (6): 673-686.

[80] Vickerman R. W.. Accessibility, Attraction, and potential: A review of some concepts and their use in determining mobility [J]. Environment and Planning A, 1974, 6 (6): 675-691.

[81] Wachs, M., Kumagai J. G.. Physical accessibility as a social indicator [J]. Socio-Economic Planning Sciences, 1973, 7 (5): 437-456.

［82］White W. W., Bomberawlt A. M.. A net work algorithm for empty freight car allocation［J］. IBM System Journal, 1969, 8（2）: 147-169.

［83］Wu J. J., Gao Z. Y., Sun H. J.. Complexity and efficiency of Beijing transit network［J］. International Journal of Modern Physics B, 2006, 20（15）: 19-21.

［84］Wu J. J., Gao Z. Y., Sun H. J., Huang H. J.. Urban transit system as a scale-free network［J］. Modern Physics Letters B, 2012, 18（19）: 1043-1049.

［85］Yan S. Y., Shih Y. L.. Optimal scheduling of emergency roadway repair and subsequent relif distribution［J］. Computers & Operations Research, 2009（36）: 2049-2065.

［86］Yen J. Y.. Another algorithm for finding the K shortest loopless network paths［C］. Proceedings of 41st Meeting Operations Research Society of America, 1972.

［87］Yen J. Y.. Finding the K shortest loopless paths in a network［J］. Management Science, 1971, 17（11）: 712-716.

［88］Zheng Y. J., Chen S. Y., Ling H. F.. Evolutionary optimization for disaster relief operations: A survey［J］. Applied Soft Computing, 2015（27）: 553-566.

［89］陈宝林. 最优化理论与算法［M］. 北京: 清华大学出版社, 1989.

［90］陈建国, 姜锋. 通信网基于业务的抗毁性分析［J］. 无线电通信技术, 1998, 24（3）: 18-22.

［91］陈建国, 张永静. 通信网络拓扑抗毁性评估算法研究［J］. 无线电通信技术, 2006, 32（1）: 6-7.

［92］陈宽民. 城市交通系统理论分析与应用［D］. 西安: 长安大学, 2003.

［93］陈昭明, 王林泽, 马林. 铁路事故救援辅助决策系统的研究［J］. 铁道学报, 2004, 26（5）: 8-13.

[94] 陈倬. 基于脆弱性分析的城市物流系统安全性研究 [D]. 武汉: 武汉理工大学, 2007.

[95] 高洁, 施其洲. 城市轨道网络抗毁可靠性定义及评价指标模型研究 [J]. 铁道学报, 2007, 29 (3): 29-33.

[96] 高社生, 张玲霞. 可靠性理论与工程应用 [M]. 北京: 国防工业出版社, 2002.

[97] 谷长森. 铁路运输系统分析 [J]. 系统工程理论与实践, 1996 (6): 90-98.

[98] 郭波等. 系统可靠性分析 [M]. 长沙: 国防科技大学出版社, 2002.

[99] 海军. 战区联勤配送运输路径优化问题研究 [D]. 清华大学, 2008.

[100] 海军. 战时铁路网络生存性定量评价研究 [J]. 铁道学报, 2005, 27 (4): 110-113.

[101] 何大韧, 刘宗华, 汪秉宏. 复杂系统与复杂网络 [M]. 北京: 高等教育出版社, 2009.

[102] 何建敏, 刘春林. 限制期条件下应急车辆调度问题的模糊优化方法 [J]. 控制与决策, 2001 (16): 318-321.

[103] 胡晓龙. 集装箱空箱调运优化的模型与方法研究 [D]. 东南大学, 2005.

[104] 惠伟, 王红. 复杂网络在城市公交网络中的实证分析 [J]. 计算机技术与发展, 2008, 18 (11): 217-219.

[105] 兰家隆, 刘军. 应用图论及算法 [M]. 成都: 电子科技大学出版社, 1995.

[106] 李安涛. 通信网的抗毁性 [J]. 军事通信技术, 1992, 43 (9): 1-9.

[107] 李德毅, 于全, 江光杰. CI系统可靠性、抗毁性和抗干扰的统一评测 [J]. 系统工程理论与实践, 1997, 17 (3): 23-27.

[108] 李鹏翔,任玉晴,席酉民. 网络节点(集)重要性的一种度量指标[J]. 系统工程,2004,22(4):13-20.

[109] 李英,周伟,郭世进. 上海公共交通网络复杂性分析[J]. 系统工程,2007,25(1):38-41.

[110] 梁栋,林柏梁. 铁路空车调配的多阶段策略优化模型研究[J]. 铁道学报,2007,29(1):1-6.

[111] 刘宏鲲. 中国航空网络的机构及其影响因素分析[D]. 成都:西南交通大学,2007.

[112] 刘浪,邓伟,采峰,陈玲. 节点重要度计算的新方法——优先等级法[J]. 中国管理科学(专辑),2007(15):162-165.

[113] 刘仍奎,程晓卿,孙全欣. 铁路事故救援系统的构建研究[J]. 中国安全科学学报,2004,14(11):43-47.

[114] 刘啸林,王能. 通信网络抗毁性量度研究[J]. 上海师范大学学报,2006(5):38-41.

[115] 刘晓敏. 基于情景的产品创新设计过程若干关键技术研究[D]. 河北工业大学,2007.

[116] 刘艳,顾雪平. 基于节点重要度评价的骨架网络重构[J]. 中国电机工程学报,2007,27(10):20-27.

[117] 陆化普. 交通规划理论与方法[M]. 北京:清华大学出版社,1998.

[118] 罗鹏程,金光,周经伦,刘琦. 通信网可靠性研究综述[J]. 小型微型计算机系统,2011(10):1073-1077.

[119] 罗志忠,张丰焰. 主成分分析法在公路网节点重要度指标权重分析中的应用[J]. 交通运输系统工程与信息,2005,5(6):78-81.

[120] 马祖军,胡萍. 实时/时变路网环境下城市出救点选择与救援车辆路径的集成动态优化[J]. 管理工程学报,2014,28(4):165-172.

[121] 缪成. 突发公共事件下应急物流中的优化运输问题的研究[D]. 同济大学,2007.

[122] 聂阿新. 铁路智能运输系统应用前景、框架体系和关键技术研究 [J]. 中国铁道科学, 2002 (4): 15-20.

[123] 潘丽君. 战场通信网络战时抗毁性初探 [J]. 装甲兵工程学院学报, 2006, 20 (2): 21-15.

[124] 彭辉. 综合交通运输系统理论分析 [D]. 长安大学, 2006.

[125] 钱颂迪等. 运筹学 [M]. 北京: 清华大学出版社, 1990.

[126] 秦启文等. 突发事件的管理与应对 [M]. 北京: 新华出版社, 2004.

[127] 沈珍瑶, 杨志峰, 曹瑜. 环境脆弱性研究述评 [J]. 地质科技情报, 2003, 22 (3): 91-94.

[128] 施佑林. 灾后工程抢修作业与赈灾物流排程的研究 [D]. 中国台湾大学土木工程研究所, 2004.

[129] 束金龙, 闻人凯. 线形规划理论与模型应用 [M]. 北京: 科学出版社, 2003.

[130] 舒其林. "情景—应对"模式下非常规突发事件应急资源配置调度研究 [D]. 中国科学技术大学, 2012.

[131] 苏顺虎, 陈治亚. 铁路网车流径路优化模型及算法研究 [J]. 铁道学报, 2008, 30 (6): 1-6.

[132] 谭跃进, 吕欣, 吴俊, 邓宏钟. 复杂网络抗毁性研究的主要科学问题 [J]. 系统工程理论与实践, 2008, 6 (增刊): 116-120.

[133] 谭跃进, 吴俊, 邓宏钟. 复杂网络中节点重要度评估的节点收缩方法 [J]. 系统工程理论与实践, 2006 (11): 79-83.

[134] 谭跃进, 吴俊, 邓宏钟, 朱大智. 复杂网络抗毁性研究综述 [J]. 系统工程, 2006, 24 (10): 1-5.

[135] 唐新强, 倪佑生, 陈军. 基于节点的地域通信网抗毁性评价及应用 [J]. 无线电通信技术, 2008, 34 (2): 11-13.

[136] 王华. 铁路客流高峰期旅客运输的特点及对策 [J]. 铁道运输与经济, 2004 (10): 38-39.

[137] 王华, 季令. 我国铁路客运合理径路选择的研究 [J]. 上海铁道大学学报, 1999, 20 (4): 51-54.

[138] 王姣娥, 金凤君. 中国铁路客运网络组织与空间服务系统优化 [J]. 地理学报, 2005, 60 (3): 371-380.

[139] 汪涛, 方志耕, 无卉, 吴琳丽. 城市地铁网络的复杂性分析 [J]. 军事交通学院学报, 2008, 10 (2): 24-27.

[140] 王晓东. 算法设计与分析 [M]. 北京: 清华大学出版社, 2003.

[141] 汪小帆, 李翔, 陈关荣. 复杂网络理论及其应用 [M]. 北京: 清华大学出版社, 2006.

[142] 王婧. 不确定条件下应急物资多式联运调度模型研究 [D]. 华中科技大学, 2013.

[143] 王伟, 刘军, 李海鹰, 马敏书. 特殊条件下铁路输送计划编制模型和算法 [J]. 系统工程理论与实践, 2012, 32 (9): 2057-2064.

[144] 王旭坪, 马超, 阮俊虎. 运力受限的应急物资动态调度模型及算法 [J]. 系统工程理论与实践, 2013, 33 (7): 1492-1500.

[145] 王云琴. 基于复杂网络理论的城市轨道交通网络联通可靠性研究 [D]. 北京交通大学, 2008.

[146] 巫继雨. 网络脆弱性分析 [D]. 北京邮电大学, 2006.

[147] 吴建军. 城市交通网络拓扑结构复杂性研究 [D]. 北京交通大学, 2008.

[148] 吴建军, 高自友, 孙会君, 赵晖. 城市交通系统复杂性——复杂网络方法及其应用 [M]. 北京: 科学出版社, 2010.

[149] 吴俊, 谭跃进. 复杂网络抗毁性测度研究 [J]. 系统工程学报, 2005, 20 (2): 128-131.

[150] 吴俊, 谭跃进, 邓红钟, 迟妍. 考虑级联失效的复杂负载网络节点重要度评估 [J]. 小型微型计算机系统, 2007, 28 (4): 627-630.

[151] 吴晓东, 周磊山, 徐开启, 孙琦. 特殊需求的大规模集中铁路运输的运行计划研究 [J]. 铁道学报, 2006, 28 (6): 22-27.

[152] 吴晓东，周磊山，孙琦. 铁路紧急输送计划模型与算法研究[J]. 铁道学报，2008，30（5）：1-7.

[153] 夏春燕. 基于情景分析的概念设计方法体系研究及其应用[D]. 西北工业大学，2005.

[154] 肖伟锋，钟联炯. 一种通信网络抗毁性评价方法[J]. 西安工业学院学报，2002，22（4）：292-296.

[155] 谢金星，邢文训. 网络优化[M]. 北京：清华大学出版社，2000.

[156] 谢政，李建平. 网络算法与复杂性理论[M]. 长沙：国防科技大学出版社，1995.

[157] 邢文训，谢金星. 现代优化计算方法[M]. 北京：清华大学出版社，1999.

[158] 熊浩，鄢慧丽，周和平，柳伍生. 多阶段动态车辆路径问题实时优化策略[J]. 上海交通大学学报，2013，47（3）：450-453.

[159] 闫海峰，彭其渊. 铁路客货运输组织系统特性的比较分析[J]. 交通运输工程与信息学报，2006，4（3）：46-52.

[160] 杨浩，何世伟. 铁路运输组织学[M]. 北京：中国铁道出版社，2001.

[161] 杨红娃. 网络关键节点与关键链路分析识别技术[C]//中国电子学会电子对抗分会. 第十一届通信对抗学术年会论文集，新疆：中国电子学会电子对抗分会，2006：335-341.

[162] 叶春森，汪传雷，刘宏伟. 网络节点重要度评价方法研究[J]. 统计与决策，2010（1）：22-24.

[163] 叶婷婷. 基于复杂网络的全国铁路网络连通可靠性分析[D]. 北京交通大学，2009.

[164] 叶永. 基于后续共享和信息更新的震后应急资源配置决策方法研究[D]. 浙江大学，2013.

[165] 于海波. 中国航空网络拓扑结构及其演化特征[D]. 北京大学，

2005.

[166] 张国伍.交通运输系统分析［M］.成都：西南交通大学出版社，1991.

[167] 张建中，许绍吉.线性规划［M］.北京：科学出版社，1999.

[168] 张俊良.复杂网络可靠性研究［D］.大连理工大学，2006.

[169] 张玮，朱金福.城市公交网络复杂性实证研究［J］.商业时代，2008（7）：60-61.

[170] 张欣.公交网络的复杂性研究［D］.大连理工大学，2006.

[171] 张中伟，陈建国.抗毁通信网络设计［J］.无线电通信技术，2000，26（2）：33-38.

[172] 赵敬宝，祝梦雷，王华命.炮兵通信网可靠性评估［J］.弹道学报，2007，19（4）：94-96.

[173] 赵伟，何红生，林中材，杨孔庆.中国铁路客运网网络性质的研究［J］.物理学报，2006，55（8）：3906-3911.

[174] 赵毅寰，王祖林，郑晶，郭旭静.利用重要性贡献矩阵确定通信网中最重要节点［J］.北京航空航天大学学报，2009，35（9）：1076-1079.

[175] 赵颖.突发事件应对法治研究［D］.中国政法大学，2006.

[176] 郑亚晶.铁路路网能力可靠性、能力适应性及抗毁性研究［D］.北京交通大学，2012.

[177] 朱静，杨晓静.地域通信网的关键节点识别方法［J］.探测与控制学报，2008，30（增刊）：55-58.

[178] 朱静，杨晓静.一种新的地域通信网关键节点识别方法［J］.电子信息对抗技术，2009，24（5）：33-36.

[179] 朱世朋，张全寿.铁路运输系统动态分析［J］.系统工程理论与实践，2001（1）：125-130.

后　记

本书是在博士学位论文基础上修改、完善而成，其写作过程见证了我的学术探索和成长过程，从选题、结构安排、写作直至最后定稿，倾注了我太多的心血。此时此刻，心中不由自主地涌出喜悦。这种喜悦是对在本、硕、博以及工作后不断探索知识、超越自我的肯定。一路走来，经历的所有挫折、彷徨、喜悦、成长，都在我的人生中留下了浓墨重彩的一笔。

本书的顺利完成，首先要感谢刘军教授一直以来对我的悉心教导和无限关怀。书稿凝结着刘老师的心血与睿智，学生谨向恩师致以最诚挚的谢意！

回想起2005年9月，怀揣着梦想的我再次走进交大红果园，师从学识渊博、宽厚谦和的刘军教授，开始了六年的硕士和博士生涯。六年芳华，我身沐师恩，刘老师不仅传授给我知识、工作经验和科研方法，而且在生活上给予我无微不至的关怀和帮助。在我成功走出校门、踏上人生新的征程时，刘老师依旧不辞辛劳地给予我入微的关心和智慧的启迪。回首往昔，刘老师严谨的治学态度，精益求精的工作作风，诲人不倦的高尚师德，朴实无华、平易近人的人格魅力，以及传道授业解惑中的一言一行，都是我人生奋起的标杆，亦如我人生航行之舟的灯塔。

感谢李海鹰教授在学习和生活上给予我的关心和帮助，每当我遇到困难和挫折时，李老师都能及时地给予温暖的鼓励；每当我遇到抉择而不知如何取舍时，李老师都能及时地给予智慧的点拨，在此向李海鹰老师表示衷心的谢意。实验室杨肇夏教授、蒋熙教授、苗建瑞老师、贺振欢老师、

铁路网抗毁性分析

马敏书老师、李春艳老师以及运输学院孙全欣教授、朱晓宁教授、周磊山教授、何世伟教授、聂磊教授、杨浩教授、韩宝明教授、徐维祥教授都在我博士论文写作过程中给予了悉心指导，感谢你们。

感谢王莹师姐、董晓岩师兄、刘广志师兄对论文给予的热情帮助。在实验室工作期间，许心越、赵凯华、林冬梅、杨东方、郑金子、许鸿飞、武科名、杨维、夏青、王久亮、李晓俊、雷芳、王继彪、张炳泷、金阁、滑洋、郝丹、薛宝满等师弟师妹对研究工作给予帮助，同窗情深，溢于言表，在此向他们表达感激之情。

感谢父母对攻读博士学位时给予的极大支持，是他们无私的爱让我温暖、安心地完成学业。爱人贾磊娜、爱女王梓萌在整理书稿过程中给予默默地支持和温馨的鼓励，是我的精神支柱，本书的字里行间都有她们的爱，她们的支持和关怀永远是我生活、学习、工作的信心与动力。

最后，感谢北方民族大学校领导、商学院领导、同事对我的厚爱和帮助，以及在出版本书中给予的支持。

本人从事该方面的研究至今已有近十年的时间，虽夜以继日、孜孜不倦，但由于才学所限，本书难免疏漏与遗憾，这是我对寄予厚望于我的师友和亲人们的愧疚，唯愿这份愧疚能在今后的工作和研究中，以加倍努力而补偿。

交大十年，点点滴滴，刻骨铭心。现在我走出校门、离开交大已有五年时光，饮水思源难忘母校恩，它哺育了一代又一代交大人钟灵毓秀的才思，也将继续鼓励我在今后的工作和生活中，一如既往地不畏艰险、努力奋进。

王　伟

2016 年 12 月 15 日于甘肃康县